Descobrir Jogos Online Grátis

Disponível Aqui:

BestActivityBooks.com/FREEGAMES

5 DICAS PARA COMEÇAR

1) CÓMO RESOLVER LAS SOPA DE LETRAS

Os puzzles têm um formato clássico:

- As palavras estão escondidas sem espaços ou hífenes,...
- Orientação: As palavras podem ser escritas para a frente, para trás, para cima, para baixo ou na diagonal (podem ser invertidas).
- As palavras podem sobrepor-se ou intersectar-se.

2) APRENDIZAGEM ACTIVA

Ao lado de cada palavra há um espaço para anotar a tradução. Para encorajar a aprendizagem activa, um **DICIONÁRIO** no final desta edição permitir-lhe-á verificar e expandir os seus conhecimentos. Procure e anote as traduções, encontre-as no puzzle e adicione-as ao seu vocabulário!

3) MARCAR AS PALAVRAS

Pode inventar o seu próprio sistema de marcação - talvez já use um? Pode também, por exemplo, marcar palavras difíceis de encontrar com uma cruz, palavras favoritas com uma estrela, palavras novas com um triângulo, palavras raras com um diamante, e assim por diante.

4) ESTRUTURANDO A APRENDIZAGEM

Esta edição oferece um **CADERNO DE NOTAS** prático no final do livro. Nas férias, em viagem ou em casa, pode facilmente organizar os seus novos conhecimentos sem a necessidade de um segundo caderno!

5) JÁ TERMINOU TODAS AS GRELHAS?

Nas últimas páginas deste livro, na secção **DESAFIO FINAL**, encontrará um jogo gratuito!

Rápido e fácil! Consulte a nossa colecção de livros de actividades para o seu próximo momento de diversão e **aprendizagem**, a apenas um clique de distância!

Encontre o seu próximo desafio em:

BestActivityBooks.com/MeuProximoLivro

Aos vossos lugares, preparem-se...Vão!

Sabia que existem cerca de 7.000 línguas diferentes no mundo? As palavras são preciosas.

Adoramos línguas e temos trabalhado arduamente para criar livros da mais alta qualidade para si. Os nossos ingredientes?

Uma selecção de tópicos adequados à aprendizagem, três boas porções de entretenimento, e depois acrescentamos uma colherada de palavras difíceis e uma pitada de palavras raras. Servimo-los com amor e máximo divertimento, para que possa resolver os melhores jogos de palavras e se divirta a aprender!

A sua opinião é essencial. Pode participar activamente no sucesso deste livro, deixando-nos um comentário. Gostaríamos de saber o que mais lhe agradou nesta edição.

Aqui está um link rápido para a sua página de encomendas:

BestBooksActivity.com/Avaliacoes50

Obrigado pela vossa ajuda e divirtam-se!

A Equipa Inteira

1 - Dirigindo

```
O  V  B  V  E  I  L  I  G  H  E  I  D  J  L
V  F  Z  U  P  K  E  G  B  I  Y  K  V  I  I
R  A  A  V  E  G  N  A  J  M  Y  B  V  C  C
A  M  N  B  U  B  N  R  G  A  M  C  P  B  E
C  O  D  B  V  S  U  A  J  W  D  V  P  R  N
H  T  S  D  C  C  T  G  R  I  T  A  Y  A  T
T  O  E  P  H  F  A  E  A  Q  M  U  U  N  I
A  R  V  R  E  G  N  A  G  T  E  O  V  D  E
U  F  P  E  R  E  A  F  N  M  Y  Y  U  S  U
T  I  U  O  R  N  K  U  L  E  G  N  O  T  N
O  E  M  V  L  K  T  G  T  R  A  A  K  O  Z
L  T  W  R  A  I  E  R  T  O  G  R  G  F  I
T  S  E  E  U  F  T  E  S  T  R  A  A  T  U
N  A  G  V  I  G  D  I  R  M  O  T  O  R  A
J  G  F  T  U  I  J  N  E  M  M  E  R  I  B
```

ONGELUK	MOTORFIETS
VRACHTAUTO	MOTOR
AUTO	VOETGANGER
BRANDSTOF	GEVAAR
WEG	POLITIE
REMMEN	STRAAT
GARAGE	VEILIGHEID
GAS	VERVOER
LICENTIE	VERKEER
KAART	TUNNEL

2 - Antiguidades

```
N N M V Y I A V X O O R L F H
P R E C G N U E H N Y E I V D
J R T U G V T I B G M S E G E
P S I Z W E H L E E W T F X G
W M E J O S E I E W F A H Z K
A E L X S T N N L O W U E E U
A U E H B E T G D O F R B U N
R B G Z A R I B H N Q A B W S
D I A F G I E T O W M T E G T
E L N N H N K R U L V I R A Q
P A T Q T G I C W J F E M L V
V I W K F S E L W I Q H P E F
Y R O V M F N N E T N U M R O
W H T B R B E H R S Z D X I U
T I E T I L A W K N P J Y J D
```

KUNST   VEILING
AUTHENTIEK   MEUBILAIR
ELEGANT   MUNTEN
LIEFHEBBER   PRIJS
BEELDHOUWWERK   KWALITEIT
STIJL   RESTAURATIE
GALERIJ   EEUW
ONGEWOON   WAARDE
INVESTERING   OUD
ITEM

3 - Churrascos

```
Z E X S A P T J T O M A T E N
K I N D E R E N U W W P O Y F
L X R J I M E S S E N K I P P
P Y P X L R H N S X W Y L F X
K Y C P I J Z I I D M L V I X
Z N D Z M C O D V D H B B R X
N S K S A Q M G L M U Z I E K
G T G Y F T E A U X J T W G F
H R E P E P R M N F F F H N S
O I O S A U S E C G J R T O A
Q C C E O R B S H P R D F H L
Q O J D N G S E C M A I Q T A
P J C G U T I U R F R L L X D
Z O U T W J E L V V S Y A L E
U I T N O D I G I N G Y D O S
```

LUNCH	GAMES
UITNODIGING	GROENTE
KINDEREN	SAUS
MESSEN	MUZIEK
FAMILIE	PEPER
HONGER	HEET
KIP	ZOUT
FRUIT	SALADES
GRILL	TOMATEN
DINER	ZOMER

4 - Pesca

```
I  K  V  P  R  P  W  G  C  M  P  V  L  J  X
E  G  T  K  X  Y  F  A  K  G  O  B  D  Q  E
S  E  I  Z  O  E  N  A  W  S  T  R  A  N  D
L  C  Y  I  N  P  J  I  A  S  H  E  A  A  O
H  G  Z  A  E  N  B  I  T  M  C  I  R  A  V
Q  K  O  R  W  D  O  G  E  F  I  V  D  E  E
A  O  H  E  U  L  O  M  R  E  W  I  X  C  R
D  K  U  U  E  Z  T  J  N  C  E  R  L  O  D
N  E  N  N  I  V  M  K  K  H  G  H  D  V  R
A  T  A  L  K  L  T  A  Z  B  Z  Q  L  L  I
M  A  Q  H  C  B  G  A  V  L  M  S  U  O  J
H  A  S  S  A  E  F  K  W  W  C  E  D  G  V
R  H  Q  U  E  A  Y  R  D  F  R  Z  E  T  I
W  Z  R  Q  T  U  K  J  P  J  Y  Q  G  R  N
U  G  Q  B  A  P  P  A  R  A  T  U  U  R  G
```

WATER	AAS
VINNEN	MEER
BOOT	KAAK
KIEUWEN	OCEAAN
MAND	GEDULD
KOK	GEWICHT
APPARATUUR	STRAND
OVERDRIJVING	RIVIER
DRAAD	SEIZOEN
HAAK	

5 - Geologia

```
A H S F C Z Z W K V A S R S K
A L T O K O I Q V G E H Y T W
R S A S O D N A A K L U V A A
D P L S R Z Y T Z U U R Q L R
B M A I A T M U I C L A C A T
E M G E A D S O M N S S S C S
V I M L L M T Z V G E J J T C
I N I W X Q B Z V R Z N W I X
N E E E R O S I E O F A T E W
G R T S T E E N T T L Y W T G
N A E S G Z O N E S A Y S L U
L L N P L A T E A U V W Q J T
Z E Z Q F N A N I G A S Z A U
T N S V U N E L L A T S I R K
D S B O J U U L E Y H I K R U
```

ZUUR
LAAG
GROT
CALCIUM
CONTINENT
KORAAL
KRISTALLEN
EROSIE
STALACTIET
STALAGMIETEN

FOSSIEL
LAVA
MINERALEN
STEEN
PLATEAU
KWARTS
ZOUT
AARDBEVING
VULKAAN
ZONE

6 - Tempo

```
K C E D D R K E E W J V O O R
H S E L A D L D F J W N V G P
Q C E C G K O S G X U G H I B
O U U D V V K Y N J U A B S T
Q C W J A G H S D O R A H T O
N W H M I S D O H T Y D Y E E
C A Q T U U N I M O B N K R K
C X C T E D X N B J A A R E O
N G T H C N R W G I W V E N M
H U H S T A D G C Z L P D Z S
V F O J A A R L I J K S N T T
A H U B P M M I D D A G E P W
D M O M E N T S H S K C L I V
T E W T R P N B H N G G A G U
D E C E N N I U M C Y T K U P
```

NU	OCHTEND
JAAR	MIDDAG
VOOR	MAAND
JAARLIJKS	MINUUT
KALENDER	MOMENT
DECENNIUM	NACHT
DAG	GISTEREN
TOEKOMST	KLOK
VANDAAG	WEEK
UUR	EEUW

7 - Astronomia

```
A E S R A V M Q P A Y E N A V
S J U A A S U I D S T Q Y Y E
T L P K R R T M A A N U T W R
R Q E E M H U R K M W I O T D
O W R T O U F O E S N B I U
N G N I L A R T S N P O U Z I
O H O H D Y N E D U A X R O S
O A V O E T Y E F T N U M N T
M U A F M M O N I M T X T N E
S X H F Z M E A U P V E C E R
O N E V E L N L M A A R D E I
M H R T E D Y P U A Q Z F L N
S T E R R E N B E E L D P D G
O B S E R V A T O R I U M D U
K V H E B R G M E T E O O R Q
```

ASTRONAUT
ASTRONOOM
HEMEL
STERRENBEELD
KOSMOS
VERDUISTERING
EQUINOX
RAKET
MAAN

METEOOR
NEVEL
OBSERVATORIUM
PLANEET
STRALING
ZONNE
SUPERNOVA
AARDE

8 - Acampamento

```
E Z W N K B G K A W D Q P K S
Q V X W T E E E V J I U B Q S
H U B X M R K A O V R P C J J
N Z U M A G R X N E R E I D X
A F N J L R U U T A R A P P A
N K S H T I M W U O T B U T S
P T A M G N A H U G O C K R L
B Z Z N E M O B R X M J R T F
I O O M O T A G H K A A R T J
N Z S A P M O K A C V O E Z A
S H U A B R A N D K A V E W C
E T R N T M M R U P M B M U H
C E S R X S F H O E D P I G T
T N V R M B E N A T U U R N N
T T L O M N A V W O N O I G E
```

DIEREN   BOS
AVONTUUR   BRAND
BOMEN   INSECT
KOMPAS   MEER
CABINE   MAAN
JACHT   HANGMAT
KANO   KAART
HOED   BERG
TOUW   NATUUR
APPARATUUR   TENT

9 - Ficção Científica

```
F U T U R I S T I S C H F X M
T R R T A S U E I R E T S Y M
E I S U L L I Z X B R A N D O
C D T L I D Q E N P L I V T M
H F N Y X Y G X Z D L E R E W
N Y U S Q S B Z E I P O T U M
O H C S I T S A T N A F S J I
L Z D D M O O T A V E R V I M
O W I P L P B I O S C O O P E
G C A D L I E K I R A W U C E
I A S R N E K E O B O B J I R
E V Q X X I K V K O N B M J T
G L Y T E E N A L P S O O C X
M Y S B L L S S R K W F M T E
K W B U N A W V R O H Y W F S
```

ATOOM
BIOSCOOP
VER
DYSTOPIE
EXPLOSIE
EXTREEM
FANTASTISCH
BRAND
FUTURISTISCH

ILLUSIE
BOEKEN
MYSTERIEUS
WERELD
ORAKEL
PLANEET
ROBOTS
TECHNOLOGIE
UTOPIE

10 - Mitologia

```
P Z L Q Q B H H F H V M L J L
H Y Y J A B O W E N O I W A N
C S F R W R U U T L U C U L O
S T E R F E L I J K D N A O V
I H P B P O M I H D S I I E E
G C Y G E D R A G E X W N Z R
A A T B Q M E S K I L B I I T
M R E R A M P V A T U D K E U
Y K H N D Z L S A A U M L D I
U Y C G N O G I R E C J W N G
K V R M E L N O W R D Z S E I
J L A K V G E D F C G B P G N
D O O L H O F F E J H U A E G
M O N S T E R A S R E Y I L E
K R I J G E R W E Z E N D F N
```

ARCHETYPE
JALOEZIE
GEDRAG
OVERTUIGINGEN
CREATIE
WEZEN
CULTUUR
RAMP
KRACHT
KRIJGER

HELDIN
HELD
DOOLHOF
LEGENDE
MAGISCH
MONSTER
STERFELIJK
BLIKSEM
DONDER
WRAAK

11 - Medições

```
L  X  A  D  U  D  W  K  U  J  K  H  C  M  D
E  R  S  A  I  P  H  W  R  X  X  H  H  M  E
N  U  S  A  R  E  T  E  M  I  T  N  E  C  C
G  M  A  R  G  F  P  D  E  N  P  T  M  I  I
T  A  M  G  V  C  M  T  M  I  N  U  U  T  M
E  R  E  Z  H  W  Q  H  E  M  O  Q  L  N  A
K  G  T  T  P  H  C  C  T  T  K  G  O  P  A
R  O  E  V  O  N  S  I  D  I  O  R  V  R  L
N  L  R  M  E  Y  A  W  E  D  F  N  N  U  I
P  I  Q  B  Y  T  E  E  E  H  Q  D  F  I  U
W  K  T  M  X  T  E  G  R  E  O  R  P  N  H
Q  F  Q  U  Q  A  O  X  B  B  V  O  S  C  T
K  I  L  O  M  E  T  E  R  K  I  I  G  H  A
S  Q  L  I  T  E  R  Q  H  C  W  W  G  T  G
C  Z  N  K  V  T  F  S  S  A  B  Q  I  E
```

HOOGTE	METER
BYTE	MINUUT
CENTIMETER	ONS
LENGTE	GEWICHT
DECIMAAL	INCH
GRAM	DIEPTE
GRAAD	KILOGRAM
BREEDTE	KILOMETER
LITER	TON
MASSA	VOLUME

12 - Álgebra

```
Z  G  H  G  I  D  N  I  E  N  O  E  C  D  V
W  T  G  B  R  Y  A  U  I  U  C  S  C  I  E
X  R  U  Y  Q  O  A  Q  M  K  Q  N  P  V  R
F  O  R  M  U  L  E  M  O  M  U  C  I  I  G
J  T  I  E  D  X  D  X  S  N  E  J  I  S  E
C  C  A  E  L  J  E  I  T  C  A  R  F  I  L
B  A  E  L  L  G  J  R  A  M  P  O  F  E  I
O  F  N  B  V  L  K  T  Z  G  C  O  J  V  J
S  H  I  O  X  T  A  A  R  V  R  J  P  W  K
M  W  L  R  E  G  A  M  W  O  A  A  J  X  I
Z  T  T  P  S  C  H  N  O  X  P  L  M  S  N
L  T  T  E  X  P  O  N  E  N  T  E  S  T  G
O  P  L  O  S  S  I  N  G  T  W  W  F  M  V
Q  M  V  A  R  I  A  B  E  L  E  A  I  Y  P
A  F  T  R  E  K  K  E  N  S  T  C  T  A  N
```

DIAGRAM	LINEAIR
DIVISIE	MATRIX
VERGELIJKING	NUMMER
EXPONENT	HAAKJE
VALS	PROBLEEM
FACTOR	OPLOSSING
FORMULE	SOM
FRACTIE	AFTREKKEN
ONEINDIG	VARIABELE

13 - Plantas

```
B V U G A B K O K S H B C P I
P L Y C E Z D X V L K E M Q C
L K O R I B K T X I I S O B S
A H M E L F L E V H U M H I F
N R S O M M L A A T R E O A I
T G K B F B G E D S T O Q P F
K H V M J G L W P E S L M S Q
U A J A U M U A Z R R B C F P
N O O B X O N E D M T T I D W
D U M P Q K U G O A U A E U O
E Y E R H C W R K R U I D O R
Q M S P F Z R A B S N E T C T
I C T B O O M S Q H H L U F E
F L O R A C A C T U S G I K L
V E G E T A T I E A J C N C M
```

STRUIK
BOOM
BES
BAMBOE
PLANTKUNDE
CACTUS
KRUID
BOON
MEST
BLOEM

FLORA
BOS
GEBLADERTE
GRAS
KLIMOP
TUIN
MOS
BLOEMBLAD
WORTEL
VEGETATIE

14 - Veículos

```
H B R F S E R C F A S G K V O
E O T W C C L V I I T S L R N
L O R J O N J S G L E D U A D
I T A Y O A R W I A K T K C E
K A C F T L L X R X A O S H R
O O T J E U S N W Y R L W T Z
P M O I R B J X G C G V U A E
T S R X X M S V S R E L H U E
E H C A R A V A N H H G X T Ë
R A P T O A U T O E U G N O R
T G I U T G E I L V D T U F B
V Z F T O O B R E E V N T K U
R J U Y M E X Q W U S M A L S
O T K H S V P E M C F F Y B E
M E T R O N U R F Y K N F W U
```

AMBULANCE   VLOT
VLIEGTUIG   SCOOTER
VEERBOOT   METRO
BOOT   MOTOR
FIETS   BUS
VRACHTAUTO   BANDEN
CARAVAN   ONDERZEEËR
AUTO   TAXI
RAKET   SHUTTLE
HELIKOPTER   TRACTOR

15 - Engenharia

```
B E I D I S T R I B U T I E O
B O U W B D I A G R A M T N D
E N E R G I E D I E S E L I L
F B T D E I Q B D W A Q U H M
W V P W T T H C A R K B H C O
Z R E K U O E H J E W R O A T
Y T I E M Y S M F Z A U E M O
I K D J E K V O A Y O U K X R
F L N Q V W K A Q I R T Y X J
M F O T S I E O L V D C G W N
T E S E I S N E M I D U S N X
O D T X X I O G C D Z R E O S
F Q S I S T A B I L I T E I T
Q S P Y N P X K Y E Y S Y K D
H J V L K G N I N E K E R E B
```

WRIJVING	ENERGIE
HOEK	STABILITEIT
BEREKENING	STRUCTUUR
BOUW	KRACHT
DIAGRAM	VLOEISTOF
DIAMETER	MACHINE
DIESEL	METING
DIMENSIES	MOTOR
DISTRIBUTIE	DIEPTE
AS	

16 - Restaurante # 2

```
N L O Q X T Q M B I N S K R G
B T E I Y W A T E R Q I O K G
D D U S H R A B S X S K B M Y
L R F R U I T K J I L R E E H
L E A R V S S U I R E E R C V
U Y P N Z T P S O O D N V A O
N K V E K O E A H Z E I K K O
C V I S L E C L I L O D K E R
H S N P P L E A E T N E O R G
F K M N T H R D E D D Y N U E
H M Q H E M I E S U M K E J R
Z T T M S Y J E O V F L T G E
B A L Q C Y E O E O R V K Z C
B A Q V V A N M P R O A T G H
B N P A E O L M T K J G Y F T
```

LUNCH   OBER
VOORGERECHT   VORK
WATER   IJS
DRANK   DINER
CAKE   GROENTE
STOEL   NOEDELS
LEPEL   VIS
HEERLIJK   ZOUT
SPECERIJEN   SALADE
FRUIT   SOEP

17 - Países #2

```
L C Ë N Z S T P A J N N L O O
I O C I X E M A T L C L A R E
B N M G R U A K R T B A O P K
A E H E L Y R I K U X A S D R
N P A R V B S S A Z S C N C A
O A N I O B E T D R D L Q I Ï
N L O A Ë I L A M O S W A Z N
I E R L A N D N J A P A N N E
W M F J R N E K R A M E N E D
F R A N K R I J K X S U K X D
O E G A N D A J A M A I C A C
O F Y A T G X R J C Q K O Z H
H A Ï T I H W D R J Z D H O U
E J H G R I E K E N L A N D B
I F I I N D O N E S I Ë Z G W
```

ALBANI
DENEMARKEN
FRANKRIJK
GRIEKENLAND
HAÏTI
INDONESIË
IERLAND
JAMAICA
JAPAN
LAOS

LIBANON
MEXICO
NEPAL
NIGERIA
PAKISTAN
RUSLAND
SYRIË
SOMALIË
OEKRAÏNE
OEGANDA

18 - Cozinha

```
V S P G G E S L K E I I X E U
P K P R Z A P E E L C Z Z G U
O O S E A T O T E P Q A P W Q
L E C Z C M N E S S E M D H S
L L H E V E S K R W O L T Q T
E K O I A M R K O M O I S P E
P A R R X Y A I R E C E P T T
E S T V F X K A J T L F O O E
L T K R U I K N C E I C L P N
S Z H K Z L H L S V N H U K E
X X Y G R I L L W R S B R P K
Q Y A I P X A O V E N A D Z R
W H X U S H N K D S A F D F O
E E T S T O K J E S M R S S V
Q M T Z K K C T K G B S S E F
```

SCHORT
KETEL
LEPELS
ETEN
POLLEPEL
CUP
SPECERIJEN
SPONS
MESSEN
OVEN

VRIEZER
VORKEN
KOELKAST
GRILL
SERVET
POT
KRUIK
EETSTOKJES
RECEPT
KOM

19 - Material de Arte

```
G  W  B  T  K  N  I  J  D  W  S  J  H  B  T
F  H  G  A  R  E  M  A  C  Z  T  F  O  O  B
X  E  N  F  Y  M  J  I  L  M  O  Y  U  R  M
I  M  N  E  D  O  L  T  O  P  E  G  T  S  E
N  B  I  L  R  G  E  M  M  O  L  O  S  T  V
B  V  E  R  F  U  Z  B  Q  A  P  W  K  E  H
S  O  P  A  P  I  E  R  E  T  A  W  O  L  E
E  L  Y  R  C  A  Y  L  H  W  I  V  O  S  V
I  I  K  L  E  I  I  K  K  D  V  A  L  H  M
N  E  L  L  E  R  A  U  Q  A  V  K  N  C  L
C  R  E  A  T  I  V  I  T  E  I  T  H  F  V
J  N  T  B  R  B  Y  Z  V  F  P  C  X  R  I
B  M  S  M  Q  I  I  B  I  A  N  Q  U  Z  T
R  N  A  X  W  N  W  O  R  O  F  U  K  K  C
U  F  P  X  D  Y  A  J  T  J  O  P  O  U  O
```

ACRYL	KLEUREN
GOM	CREATIVITEIT
AQUARELLEN	BORSTELS
KLEI	POTLODEN
WATER	TAFEL
STOEL	OLIE
HOUTSKOOL	PAPIER
EZEL	PASTEL
CAMERA	INKT
LIJM	VERF

20 - Números

```
T C K F K W C R C J O M K U Q
W T D Q L A C H T J W O L N D
I Y T P M H H M B H J G T M D
N E V E Z C Z T W A A L F D U
T I Z E Q T G K R E L U J Z T
I R E W W J W G B Z P N P E O
G D S T W T G M N Z J X N V V
Q D T E B S Y E Q L P Y O E I
U E I T L V I J F T I E N N J
U C E N D L U V V K Q E E T F
V I N E I T T H C A N N E I T
I M D E R T I E N I B T U E O
E A W H B F O S O V Y D G N J
R A V E E R T I E N E G E N S
N L O X L B Y Z Y E Z E S C W
```

VIJF	VEERTIEN
DECIMAAL	VIER
TIEN	VIJFTIEN
ZESTIEN	ZES
ZEVENTIEN	ZEVEN
ACHTTIEN	DERTIEN
TWEE	DRIE
TWAALF	EEN
NEGEN	TWINTIG
ACHT	NUL

21 - Física

```
M  B  O  F  K  E  S  N  E  L  H  E  I  D  V
A  M  L  Y  O  R  L  P  B  F  Q  L  E  E  E
G  F  P  X  T  R  U  E  Z  Z  P  B  Q  A  R
N  C  K  J  I  O  M  D  K  S  O  A  H  C  S
E  H  L  G  E  T  O  U  E  T  O  H  U  I  N
T  E  K  C  T  O  O  F  L  E  R  B  M  N  E
I  M  L  D  I  M  T  I  E  E  L  O  V  A  L
S  I  A  A  V  N  A  S  G  Z  V  T  N  H  L
M  S  S  D  I  E  H  T  H  C  I  D  J  C  I
E  C  S  L  T  N  U  C  L  E  A  I  R  E  N
X  H  A  S  A  G  A  C  Q  S  N  E  Y  M  G
Q  U  M  O  L  E  C  U  U  L  Q  H  Q  P  O
Z  U  S  X  E  U  N  I  V  E  R  S  E  E  L
T  H  C  A  R  K  E  T  R  A  A  W  Z  J  J
F  R  E  Q  U  E  N  T  I  E  Y  V  F  F  H
```

VERSNELLING
ATOOM
CHAOS
DICHTHEID
ELEKTRON
FORMULE
FREQUENTIE
GAS
ZWAARTEKRACHT
MAGNETISME

MASSA
MECHANICA
MOLECUUL
MOTOR
NUCLEAIR
DEELTJE
CHEMISCH
RELATIVITEIT
UNIVERSEEL
SNELHEID

22 - Especiarias

```
U A Z H T M H K K A Y M P I L
B R O K A M S A N K E R R I E
E E U I W V G R O F R W C A D
W B T H T D U D F L Y W L N Y
T M U Z N E J E L V Y I O W J
P E P E R U T M O L E K N E V
S G O Q T T I O O R E T T I B
I V I Z R K H M K H V E F E L
Z U U R X F P K O M I J N K O
N O O T M U S K A A T V P A N
Y J S A F F R A A N S M A A K
R C J E F Y K O R I A N D E R
P J I D R O P V A N I L L E X
R D N D G D J S H A L K R K N
S S A Q P R D T X E S E P W I
```

SAFFRAAN   UI
DROP   KORIANDER
KNOFLOOK   KOMIJN
BITTER   ZOET
ANIJS   VENKEL
ZUUR   GEMBER
VANILLE   NOOTMUSKAAT
KANEEL   PEPER
KARDEMOM   SMAAK
KERRIE   ZOUT

23 - Países #1

```
F P B K Z C M A L I G P B W S
I A C R S E N E G A L O F L P
R N Z A A U Y U W J Ë L E Q A
A A B B N Z R K H L A E P V N
K M P X O A I C C R R N L P J
F A H J K Z D L J F S K N R E
E I C Z K X X A I S I K P E T
C Q N Q O X S R F Ë H P G S P
U Z I L R N I C A R A G U A Y
A M N H A D U I T S L A N D G
D U D J M N E G E W R O O N E
O M I E N N D X Y A R U C T M
R R A I T A L I Ë S O W X Q W
C C A M B O D J A T N T Q O P
V E N E Z U E L A D V M N I Z
```

DUITSLAND
BRAZILIË
CAMBODJA
CANADA
EGYPTE
ECUADOR
SPANJE
FINLAND
IRAK
ISRAËL

ITALIË
INDIA
MALI
MAROKKO
NICARAGUA
NOORWEGEN
PANAMA
POLEN
SENEGAL
VENEZUELA

24 - A Mídia

```
I  H  I  N  T  E  L  L  E  C  T  U  E  E  L
Z  N  O  V  L  N  P  L  O  K  A  A  L  P  L
I  F  D  U  Q  Z  R  A  D  I  O  V  F  U  A
L  E  E  U  D  I  V  I  D  N  I  Z  E  B  R
A  F  I  J  S  I  Z  V  J  P  Z  V  I  L  N
A  O  F  R  I  T  N  E  D  B  S  A  T  I  O
T  T  B  H  T  D  R  G  E  P  N  K  E  E  N
I  O  L  K  M  G  N  I  N  E  M  R  N  K  L
G  S  W  I  S  E  E  I  E  T  M  E  F  R  I
I  M  F  E  Q  U  J  J  C  E  N  W  L  R  N
D  N  C  O  M  M  U  N  I  C  A  T  I  E  E
F  U  S  J  Z  X  S  J  I  W  R  E  D  N  O
H  B  D  S  C  T  C  F  K  R  A  N  T  E  N
C  O  M  M  E  R  C  I  E  E  L  L  I  A  I
E  D  I  T  I  E  T  E  L  E  V  I  S  I  E
```

HOUDING	INTELLECTUEEL
COMMERCIEEL	KRANTEN
COMMUNICATIE	LOKAAL
DIGITAAL	ONLINE
EDITIE	MENING
ONDERWIJS	PUBLIEK
FEITEN	RADIO
FOTO'S	NETWERK
INDIVIDUEEL	TELEVISIE
INDUSTRIE	

25 - Casa

```
G N S F C J M N P S X Q H Z D
R O G Y N E A E C M J F F R O
L U R K X T A K U E S Q S G U
H B B D Y P R U L B W W W E C
E B S N I H I E T J I P A T H
K W B O M J S K R E X L Z X E
E A X F I M N J F K K R A N Q
Y M Y A I A U E G A R A G I C
G M S L A L N U N M T J I G R
H D F P L V J L R E U U H K U
Z N H X Y M D Z E R I C G G E
S P I E G E L F D Z N P K H D
K R A A N Z J S L E T U E L S
Y N F K E E H T O I L B I B P
H A A R D B F E Z F S M P B U
```

BIBLIOTHEEK   HAARD
HEK   MEUBILAIR
SLEUTELS   MUUR
DOUCHE   DEUR
GORDIJNEN   KAMER
KEUKEN   ZOLDER
SPIEGEL   TAPIJT
GARAGE   PLAFOND
RAAM   KRAAN
TUIN   BEZEM

26 - Vegetais

```
P T W R E H I Q S W C L Q F G
K O J S I T R A A E E V W E H
Q L M C U S C W L R A E O W A
Q A A P O A S U A M U P H Y T
S J P A O D S X D R B U T Y O
S S J I R E D L E S E U E A M
U O R U H D N D P H R B J K A
R A D I J S A H E W G K M L A
C X Q K Z Y Y P O F I N L E T
S P I N A Z I E P I N O H T G
B R O C C O L I D E E F G R R
P A D D E S T O E L L L L O H
P E T E R S E L I E O O X W D
K O M K O M M E R Q K O A L F
R A A P E J Q A T M F K M J Z
```

POMPOEN	PADDESTOEL
SELDERIJ	ERWT
ARTISJOK	SPINAZIE
KNOFLOOK	GEMBER
AARDAPPEL	RAAP
AUBERGINE	KOMKOMMER
BROCCOLI	RADIJS
UI	SALADE
WORTEL	PETERSELIE
SJALOT	TOMAAT

27 - Balé

```
M  P  A  P  P  L  A  U  S  B  S  T  I  J  L
S  U  U  T  L  N  O  V  J  A  T  V  O  Y  C
U  B  Z  B  X  X  D  H  M  L  O  F  J  V  V
Q  L  V  I  L  X  G  I  S  L  D  E  L  K  Q
T  D  V  G  E  I  Y  O  L  E  M  I  D  E  E
S  W  V  W  A  K  E  I  S  R  E  S  N  A  D
S  O  L  O  K  R  M  K  X  I  G  S  N  Y  O
L  R  A  A  B  E  G  W  D  N  K  E  E  Q  R
C  O  M  P  O  N  I  S  T  A  G  R  I  M  K
R  F  U  R  B  E  I  T  I  T  E  P  E  R  E
I  W  Y  G  G  C  D  L  S  Q  W  X  C  N  S
T  P  R  A  K  T  I  J  K  I  W  E  Z  I  T
M  S  I  E  R  L  I  J  K  B  T  V  P  M  N
E  U  L  E  I  F  A  R  G  O  E  R  O  H  C
V  A  A  R  D  I  G  H  E  I  D  D  A  F  N
```

APPLAUS	GEBAAR
ARTISTIEK	SIERLIJK
BALLERINA	VAARDIGHEID
COMPONIST	MUZIEK
CHOREOGRAFIE	ORKEST
DANSERS	PRAKTIJK
REPETITIE	PUBLIEK
STIJL	RITME
EXPRESSIEF	SOLO

28 - Adjetivos #1

```
A D T C E F R E P M E K X Z F
R E U G R A A W Z O E N O R M
T X K N N B J D Z D C Y W K S
I O J F S L E X V E Q K T X J
S T I W T R A L H R E K N O D
T I L V I R A N A N W Y J V O
I S E B G V A M G N F Z K Z R
E C K G R O O T P Z G G U L F
K H K E E R L I J K A R O R K
I D E N T I E K B V W A I D J
X S R W A A R D E V O L M J Y
B D T G A B S O L U U T N L K
E J N M Y S T E R I E U S W Q
K W A T A R O M A T I S C H J
R F A O R T A E S H Y O I X X
```

ABSOLUUT	EERLIJK
AROMATISCH	IDENTIEK
ARTISTIEK	BELANGRIJK
AANTREKKELIJK	LANGZAAM
ENORM	MYSTERIEUS
DONKER	MODERN
EXOTISCH	PERFECT
DUN	ZWAAR
GUL	ERNSTIG
GROOT	WAARDEVOL

29 - Psicologia

```
S  E  I  T  O  M  E  E  D  R  O  M  E  N  C
Z  T  D  W  N  C  R  K  G  G  S  J  J  O  O
P  I  L  V  D  W  V  H  L  O  I  Q  I  U  N
L  E  O  V  E  G  A  K  M  I  I  X  L  E  F
K  T  P  T  R  X  R  I  W  D  N  I  J  M  L
T  I  K  Y  B  L  I  U  G  S  Z  I  A  R  I
Z  L  O  K  E  V  N  X  F  T  G  Z  S  W  C
Y  A  Y  Y  W  D  G  U  E  J  D  F  M  C  T
B  E  F  L  U  D  E  O  L  V  N  I  Y  J  H
H  R  N  H  S  R  N  C  O  G  N  I  T  I  E
Z  C  D  Q  T  A  F  S  P  R  A  A  K  L  U
B  E  W  U  S  T  E  L  O  O  S  R  M  X  K
B  E  O  O  R  D  E  L  I  N  G  P  D  S  C
P  R  O  B  L  E  E  M  X  Q  P  L  X  E  M
G  E  D  A  C  H  T  E  N  C  R  E  R  R  G
```

BEOORDELING	BEWUSTELOOS
KLINISCH	JEUGD
COGNITIE	INVLOED
GEDRAG	GEDACHTEN
AFSPRAAK	PROBLEEM
CONFLICT	REALITEIT
EGO	GEVOEL
EMOTIES	DROMEN
ERVARINGEN	ONDERBEWUST

30 - Paisagens

```
W H G H W W M F J X R Q A E B
A F L R O P C O S E Q F G I E
T V E T E S A O E T A W O L R
E B T C S S N N Q R R S L A G
R Z S H T O I Y M N A A F N R
V V J O I M A B Z S T S N D E
A U E G J N W K B B W Z T D B
L L R D N A L I E R E I H C S
I K K K H A V A L L E I W G J
B A B Y R E B J N D Z H R U I
H A C O S C U U F W M E H O F
G N P M X O X V K U E J P N Z
R E I V I R I O E X E K R O A
O C V G I N S Q N L R C M N P
T T O E N D R A D C M X L I L
```

WATERVAL   BERG
GROT   OASE
HEUVEL   OCEAAN
WOESTIJN   MOERAS
GLETSJER   SCHIEREILAND
GOLF   STRAND
IJSBERG   RIVIER
EILAND   TOENDRA
MEER   VALLEI
ZEE   VULKAAN

31 - Dança

```
A  I  E  I  F  A  R  G  O  E  R  O  H  C  E
T  L  P  B  B  S  I  D  Y  M  J  I  E  U  X
R  R  M  U  Z  I  E  K  K  U  N  S  T  L  P
E  C  A  L  K  B  L  I  J  J  G  J  Y  T  R
P  U  L  D  E  H  L  K  P  N  E  D  T  U  E
E  L  I  E  I  T  O  M  E  R  N  R  T  U  S
T  T  C  O  S  T  K  U  E  Z  A  I  H  R  S
I  U  H  D  S  F  I  N  D  E  D  T  P  O  I
T  R  A  C  A  R  Y  O  B  I  E  M  A  A  E
I  E  A  T  L  J  N  H  N  M  N  E  R  K  F
E  E  M  E  K  K  O  Q  U  E  D  G  T  V  Z
M  L  E  E  U  S  I  V  E  D  E  G  N  G  D
S  P  R  I  N  G  E  N  X  A  R  L  E  J  M
B  E  W  E  G  I  N  G  X  C  L  N  R  W  X
U  S  S  B  Z  B  G  V  D  A  Q  C  Z  I  F
```

ACADEMIE	EXPRESSIEF
BLIJ	GENADE
KUNST	BEWEGING
KLASSIEK	MUZIEK
CHOREOGRAFIE	PARTNER
LICHAAM	HOUDING
CULTUUR	RITME
CULTUREEL	SPRINGEN
EMOTIE	TRADITIONEEL
REPETITIE	VISUEEL

32 - Nutrição

```
E  C  N  R  A  Q  X  G  H  C  F  Q  Z  G  X
K  V  Ë  O  N  W  V  E  U  N  D  I  E  E  T
O  M  E  O  X  L  K  W  G  U  N  B  W  V  B
O  A  I  N  L  Q  G  I  N  Z  O  I  T  I  N
L  O  R  E  W  S  T  C  G  U  Z  T  I  T  E
H  O  O  G  I  I  J  H  E  F  E  T  E  A  T
Y  A  L  Q  K  W  C  T  G  E  G  E  T  M  N
D  S  A  I  V  W  I  H  A  S  T  R  I  I  Ë
R  B  C  S  A  U  S  T  S  F  B  L  N  I
A  N  I  N  K  E  A  A  T  I  E  A  A  E  D
T  S  U  L  T  E  E  M  E  E  G  T  W  A  E
E  S  M  A  A  K  A  Z  L  S  N  A  K  W  R
N  O  Y  T  L  K  T  O  X  I  N  E  P  T  G
G  E  Z  O  N  D  H  E  I  D  V  P  Z  Z  N
V  L  O  E  I  S  T  O  F  F  E  N  X  A  I
```

BITTER
EETLUST
CALORIEËN
KOOLHYDRATEN
EETBAAR
DIEET
EVENWICHTIG
INGREDIËNTEN
VLOEISTOFFEN

SAUS
GEWICHT
EIWITTEN
KWALITEIT
SMAAK
GEZOND
GEZONDHEID
TOXINE
VITAMINE

33 - Energia

```
H  F  L  V  E  R  V  U  I  L  I  N  G  W  P
E  L  E  K  T  R  O  N  K  J  M  I  R  Z  H
R  F  C  Q  L  U  R  S  U  W  B  Y  I  K  C
V  D  C  H  E  R  N  I  E  U  W  B  A  A  R
K  O  O  L  S  T  O  F  I  A  B  W  E  B  O
T  D  V  D  E  G  H  O  N  C  E  A  L  R  T
O  U  N  A  I  D  Q  T  D  C  N  R  C  A  O
N  M  R  U  D  U  V  S  U  U  Z  M  U  N  M
G  U  G  B  U  F  R  R  S  H  I  T  N  D  W
Y  R  P  E  I  H  W  E  T  N  N  E  Z  S  I
D  C  A  S  V  N  G  T  R  F  E  S  O  T  N
S  F  V  M  I  I  E  A  I  L  O  M  N  O  D
Q  Q  F  D  A  P  N  W  E  L  F  T  D  F  I
U  V  N  U  O  G  U  G  V  O  J  V  O  Q  P
E  N  T  R  O  P  I  E  Q  X  R  F  I  N  Y
```

OMGEVING
ACCU
WARMTE
KOOLSTOF
BRANDSTOF
DIESEL
ELEKTRON
ENTROPIE
FOTON
BENZINE

WATERSTOF
INDUSTRIE
MOTOR
NUCLEAIR
VERVUILING
HERNIEUWBAAR
ZON
TURBINE
WIND

34 - Disciplinas Científicas

```
O  P  A  A  G  T  C  H  E  M  I  E  O  E  B
W  S  S  I  E  Z  A  Y  I  J  X  D  A  I  I
A  Y  T  P  O  O  X  A  E  A  E  N  G  G  M
R  C  R  P  L  Ö  X  B  L  E  U  U  W  O  M
C  H  O  G  O  L  P  I  B  K  B  K  C  L  U
H  O  N  M  G  O  H  O  Q  U  U  T  T  O  N
E  L  O  N  I  G  U  L  R  E  V  N  L  I  O
O  O  M  A  E  I  N  O  A  I  H  A  D  S  L
L  G  I  P  N  E  E  G  N  M  G  L  K  E  O
O  I  E  R  M  A  H  I  U  E  F  P  D  N  G
G  E  K  Y  H  M  T  E  Y  H  N  P  A  I  I
I  P  E  I  G  O  L  O  I  C  O  S  C  K  E
E  I  G  O  L  O  C  E  M  O  G  L  J  E  Y
M  E  C  H  A  N  I  C  A  I  Y  K  Z  F  G
V  P  H  Y  D  P  A  T  C  B  E  V  G  G  O
```

ANATOMIE	GEOLOGIE
ARCHEOLOGIE	IMMUNOLOGIE
ASTRONOMIE	TAALKUNDE
BIOLOGIE	MECHANICA
BIOCHEMIE	PSYCHOLOGIE
PLANTKUNDE	CHEMIE
KINESIOLOGIE	SOCIOLOGIE
ECOLOGIE	ZOÖLOGIE

35 - Meditação

```
I  P  E  R  S  P  E  C  T  I  E  F  O  A  H
O  N  D  E  R  W  I  J  S  T  T  A  O  K  O
P  Z  T  K  K  E  J  K  L  S  O  I  E  Y  U
K  N  H  K  L  C  R  G  K  E  I  Z  U  M  D
G  D  C  A  I  O  E  N  N  E  R  I  T  H  I
B  M  A  W  S  F  T  I  E  G  G  E  D  E  N
L  M  D  O  R  F  N  D  T  K  N  J  N  L  G
D  A  N  K  B  A  A  R  H  E  I  D  E  D  E
E  J  A  J  D  R  M  A  C  N  G  V  G  E  M
I  K  A  T  Z  E  N  A  A  A  E  P  O  R  O
J  T  D  Q  N  R  B  V  D  T  W  I  D  H  T
V  R  E  D  E  E  E  N  E  U  E  B  E  E  I
S  T  I  L  T  E  M  A  G  U  B  X  D  I  E
O  Q  V  V  F  S  S  A  B  R  Q  R  E  D  S
O  B  S  E  R  V  A  T  I  E  M  I  M  F  W
```

AANVAARDING	GEEST
WAKKER	BEWEGING
LEREN	MUZIEK
AANDACHT	NATUUR
HELDERHEID	OBSERVATIE
MEDEDOGEN	VREDE
EMOTIES	GEDACHTEN
ONDERWIJS	PERSPECTIEF
DANKBAARHEID	HOUDING
MENTAAL	STILTE

36 - Artes Visuais

```
S E W T C W Q O K J Z N C F S
W A J K J T Y W U L W Z R I T
A V M R A I E Z E L E A A L E
Y E T E R T R O P L U I S M N
P R P W N K E R A M I E K O C
O N U R E S M Q Y T Q A V M I
T I C E P O T O F H Q P H D L
L S E T D B J E D S J P U Y N
O V V S G T I V L T K R I T I
O I C E J I R E D L I H C S F
D O F E C W K B L R I R U E D
L J R M E E J Y N G T N H I X
C R E A T I V I T E I T G T J
A R C H I T E C T U U R B R T
B E E L D H O U W W E R K A I
```

KLEI
ARCHITECTUUR
ARTIEST
PEN
EZEL
WAS
KERAMIEK
SAMENSTELLING
CREATIVITEIT
BEELDHOUWWERK

STENCIL
FILM
FOTO
KRIJT
POTLOOD
MEESTERWERK
SCHILDERIJ
PORTRET
VERNIS

37 - Moda

```
J  X  T  L  O  C  Z  C  B  C  E  I  A  B  D
D  G  R  U  U  D  O  O  E  F  E  L  K  E  S
X  H  E  E  P  H  F  M  S  Y  N  A  L  T  J
S  M  N  K  A  N  T  F  C  B  V  F  E  A  F
O  C  D  I  D  O  X  O  H  O  O  M  D  A  E
O  R  Z  M  F  Y  O  R  E  R  U  E  I  L  H
K  U  I  S  T  O  F  T  I  D  D  T  N  B  C
N  U  D  G  E  W  I  A  D  U  I  I  G  A  S
V  T  V  V  I  C  F  B  E  U  G  N  J  A  I
A  X  P  N  U  N  X  E  N  R  A  G  Z  R  T
I  E  W  C  Q  R  E  L  Q  W  D  E  Z  G  K
N  T  N  A  G  E  L  E  Q  E  Q  N  P  U  A
A  J  Q  X  X  D  G  I  L  R  L  N  I  O  R
S  T  I  J  L  O  Q  M  W  K  L  K  N  O  P
G  F  Q  Y  K  M  W  I  N  K  E  L  Q  J  X
```

BETAALBAAR   BESCHEIDEN
BORDUURWERK   ORIGINEEL
KNOP   PRAKTISCH
WINKEL   KANT
DUUR   KLEDING
COMFORTABEL   EENVOUDIG
ELEGANT   STOF
STIJL   TREND
AFMETINGEN   TEXTUUR
MODERN

38 - Instrumentos Musicais

```
K T A M B O E R I J N A Y A C
O L K X X G F D R B D T Q R D
N K A C I N O M R A H D N O M
N B W R R O P E R C U S S I E
B C Y V I G L R K O O R K N T
M A E C E N S A Y F F E H A R
T A H M N X E A H E Z H N I O
R M R X O M D T S N Q J H C M
O M U I B E N I L O D N A M M
M V Z Q M V I G C O J J R M E
P X H N O B O H S F K N P K L
E R Q W R X A U B O R E A K K
T X B U T O G A F X O D G B I
W S D F L U I T P A P I A N O
V I O O L I H I F S C E L L O
```

MANDOLINE	TAMBOERIJN
BANJO	PERCUSSIE
KLARINET	PIANO
FAGOT	SAXOFOON
FLUIT	TROMMEL
MONDHARMONICA	TROMBONE
GONG	TROMPET
HARP	GITAAR
MARIMBA	VIOOL
HOBO	CELLO

39 - Adjetivos #2

```
B  A  L  Z  D  N  O  Z  E  G  O  O  R  D  N
E  U  L  H  F  E  I  T  C  U  D  O  R  P  A
S  T  X  B  A  I  W  U  R  P  V  J  E  A  T
C  H  L  A  A  M  R  O  N  O  B  P  V  U  U
H  E  V  Q  G  R  S  Z  Z  U  T  S  I  X  U
R  N  D  F  E  I  T  A  E  R  C  S  U  T  R
I  T  F  W  B  B  E  R  O  E  M  D  Z  R  L
J  I  H  U  E  L  E  G  A  N  T  L  M  P  I
V  E  R  E  S  R  E  Z  P  I  L  I  F  Y  J
E  K  X  I  E  K  Z  Y  T  R  P  W  F  Y  K
N  R  P  N  Q  T  H  I  J  Y  U  C  X  T  N
D  E  T  T  F  N  X  L  B  F  G  Q  S  D  I
H  T  G  L  F  O  Z  V  W  Q  H  D  X  R  Y
N  S  T  N  A  S  S  E  R  E  T  N  I  G  P
I  M  E  S  N  J  Z  N  H  X  H  X  H  K  K
```

AUTHENTIEK   NORMAAL
CREATIEF   NIEUW
BESCHRIJVEND   TROTS
BEGAAFD   PRODUCTIEF
ELEGANT   ZUIVER
BEROEMD   HEET
STERK   ZOUT
DIK   GEZOND
INTERESSANT   DROOG
NATUURLIJK   WILD

40 - Roupas

```
R  H  S  H  E  V  H  Q  P  S  X  B  B  Q  X
F  I  I  C  A  Z  C  I  J  Y  J  Y  X  Y  B
N  A  P  D  O  N  Z  Q  Y  H  J  L  Z  P  S
O  R  K  W  E  D  W  Q  O  B  A  I  I  J  A
D  O  F  G  M  K  B  S  M  E  I  R  M  G  S
G  P  W  T  X  K  E  A  C  D  N  B  J  A  S
Q  A  E  M  J  O  H  J  E  H  E  U  Z  A  D
S  H  I  R  T  S  I  X  B  S  O  K  M  G  Q
K  R  U  J  J  N  F  Z  M  A  H  E  D  O  M
S  E  R  O  H  A  R  O  K  N  C  O  N  A  M
C  J  T  U  K  E  X  K  M  D  S  R  S  E  F
H  S  Q  T  N  J  H  I  S  A  W  B  W  V  N
O  A  L  Y  I  B  N  C  B  L  L  Z  H  H  Q
R  J  N  G  X  N  M  P  S  E  S  U  O  L  B
T  V  Q  C  K  K  G  B  D  N  A  B  M  R  A
```

SCHORT	HANDSCHOENEN
BLOUSE	SOKKEN
BROEK	MODE
SHIRT	PYJAMA
JAS	ARMBAND
HOED	ROK
RIEM	SANDALEN
KETTING	SCHOEN
JASJE	TRUI
JEANS	JURK

41 - Herbalismo

```
I  N  G  R  E  D  I  Ë  N  T  S  V  X  U  G
Z  O  C  G  O  V  W  U  M  Y  M  J  I  T  R
F  N  I  E  L  O  J  R  A  M  A  K  R  E  O
B  A  S  I  L  I  C  U  M  A  A  O  S  H  E
V  H  H  L  E  K  N  E  V  S  K  O  A  W  N
O  X  R  E  D  N  A  I  R  O  K  L  F  R  P
O  R  Q  S  V  H  R  K  L  S  I  F  F  L  L
R  W  X  R  H  C  S  I  T  A  M  O  R  A  A
D  G  A  E  R  G  D  R  A  G  O  N  A  V  N
E  Y  M  T  I  E  T  I  L  A  W  K  A  E  T
L  C  U  E  T  U  I  N  B  N  Y  Q  N  N  A
I  O  F  P  O  L  J  P  U  M  H  B  A  D  P
G  D  U  Z  I  L  M  Y  T  I  I  I  Z  E  W
E  L  Y  S  N  F  B  M  S  B  R  Q  H  L  O
R  O  Z  E  M  A  R  I  J  N  W  H  P  F  Z
```

SAFFRAAN	TUIN
ROZEMARIJN	LAVENDEL
KNOFLOOK	BASILICUM
AROMATISCH	MARJOLEIN
VOORDELIG	PLANT
KORIANDER	KWALITEIT
DRAGON	SMAAK
BLOEM	PETERSELIE
VENKEL	TIJM
INGREDIËNT	GROEN

42 - Arqueologia

```
O L E P M E T F D I E H D U O
N J E I R E T S Y M P R E H T
D B X V S O W W L W B I S E E
E T E L K Y F A E W I I K I A
R I B S E P O E I Z D I U T M
Z J O O C N I E S Y L A N A J
O D I D T H K Q S S K R D U P
E P F O U T A L O I O P I L M
K E K V D U E V F F A R G A J
E R G R Z P K N I Q D I E V B
R K Z R M W N X L N E E I E R
Z G O N B E K E N D G V C B D
N A K O M E L I N G J A R E N
T Q R E L I K W I E R L P G X
G D V E R G E T E N N K E Q A
```

ANALYSE
JAREN
OUDHEID
EVALUATIE
BESCHAVING
NAKOMELING
ONBEKEND
TEAM
TIJDPERK
DESKUNDIGE

VERGETEN
FOSSIEL
ONDERZOEKER
MYSTERIE
BOTTEN
PROFESSOR
RELIKWIE
TEMPEL
GRAF

43 - Agronomia

```
E  I  T  C  U  D  O  R  P  E  K  G  D  V  B
N  C  P  L  A  N  T  E  N  N  I  E  U  E  O
E  Q  O  O  G  O  L  C  T  E  S  I  L  R  D
T  R  X  L  A  A  I  C  P  R  M  T  A  V  E
K  H  O  D  O  P  Y  X  Q  G  E  A  N  U  M
E  A  B  S  Z  G  B  H  C  I  S  C  D  I  G
I  P  U  F  I  E  I  I  N  E  T  I  B  L  R
Z  S  B  N  J  E  R  E  T  A  W  F  O  I  O
O  M  G  E  V  I  N  G  Z  U  I  I  U  N  E
W  G  H  M  P  U  O  L  L  A  C  T  W  G  I
S  G  N  E  U  Y  O  G  I  O  D  N  S  J  I
V  G  W  T  R  P  A  H  C  S  N  E  T  E  W
U  H  C  S  I  N  A  G  R  O  U  D  N  Z  L
S  L  D  Y  G  R  O  E  N  T  E  I  J  R  G
P  H  O  S  L  A  N  D  E  L  I  J  K  P  J
```

LANDBOUW	IDENTIFICATIE
OMGEVING	GROENTE
WATER	ORGANISCH
WETENSCHAP	PLANTEN
GROEI	VERVUILING
ZIEKTEN	PRODUCTIE
ECOLOGIE	LANDELIJK
ENERGIE	ZADEN
EROSIE	SYSTEMEN
MEST	BODEM

44 - Frutas

```
P I A D R U I F K P O O C A P
B E Q P C M E R I E E R I N R
V S T X P R P S W R O A T A M
B O S E B E H Q I Z P N R N M
U O U N C T L J E I E J O A O
A B R I K O O S P K E E E S E
G M A R G O G M A A R B N E B
J A V A N N N O P B A N A A N
M R O T P S A G A E M O O D Z
I F C C M O M A J D E H R T Z
L U A E C K U D A I K E R S X
M C D N D O I L J Q V L I X L
K R O C V K F M W Z S W J O H
W E H P J T R X J N X E I S Y
T V O Y G S E Q A O F N M Z X
```

AVOCADO
ANANAS
BRAAM
BES
BANAAN
KERS
KOKOSNOOT
ABRIKOOS
VIJG
FRAMBOOS

KIWI
ORANJE
CITROEN
APPEL
PAPAJA
MANGO
NECTARINE
PEER
PERZIK
DRUIF

45 - Corpo Humano

```
S H E H W C S C G O O J S N V
C O U U Q L Z P O J O N A O O
H J Y I X A X U O P T R A H O
O W Q D F O O H B T A E O E R
U Q V S N I K B E L R G G N H
D Q C D E O L B L U C N B K O
E S F L N S M X L I T I S E O
R Z E N E R D V E J R V K L F
M J B R S N E U S Q K W F C D
H A N D R B U N F A A N L T Z
H H T T E W F Z A H A E I J J
W E Y H H S E W W Y K E N E G
T G T J D H B U U Z S B P D A
U U K H H X B Y E Q T Z D E F
G M Z V K N Z Q M K P N M W X
```

MOND	OOG
HOOFD	SCHOUDER
HERSENEN	OOR
HART	HUID
ELLEBOOG	BEEN
VINGER	NEK
KNIE	KIN
KAAK	BLOED
HAND	VOORHOOFD
NEUS	ENKEL

46 - Caminhada

```
C  N  V  O  R  I  Ë  N  T  A  T  I  E  O  G
U  P  L  O  Z  F  Q  O  G  N  A  G  O  U  I
T  X  N  F  O  I  S  Z  G  Z  Y  S  M  Q  D
H  P  T  J  T  R  S  T  E  N  E  N  Z  O  S
F  E  W  F  O  E  B  K  P  A  R  K  E  N  E
K  A  A  R  T  T  P  E  L  O  O  C  D  J  N
G  W  Q  I  Q  A  P  Z  R  I  A  X  G  E  N
K  Q  E  H  I  W  W  F  M  E  M  J  A  Y  A
K  A  L  A  A  R  Z  E  N  W  I  A  W  V  T
L  N  M  Q  G  E  V  A  R  E  N  D  A  K  U
I  K  C  P  R  E  V  B  D  T  E  L  I  T  U
F  C  P  F  E  W  Q  P  P  W  R  I  X  N  R
T  Y  T  L  B  R  E  D  P  S  E  W  G  F  G
Z  W  A  A  R  N  E  M  H  Y  I  Z  A  J  W
A  C  G  X  J  I  O  N  Y  V  D  V  P  W  H
```

KAMPEREN   ORIËNTATIE
DIEREN   PARKEN
WATER   STENEN
LAARZEN   KLIF
MOE   GEVAREN
KLIMAAT   ZWAAR
GIDSEN   VOORBEREIDING
KAART   WILD
BERG   ZON
NATUUR   WEER

47 - Biologia

```
C  B  F  O  T  O  S  Y  N  T  H  E  S  E  K
Z  H  X  F  I  T  E  D  G  T  B  U  R  B  H
O  E  R  L  A  Z  K  B  C  X  A  Q  G  Y  H
O  J  A  O  D  H  N  P  J  K  C  H  Y  R  V
G  U  C  Y  M  Y  Z  N  E  I  T  A  T  U  M
D  K  X  R  E  O  R  W  U  N  E  Z  Q  W  W
I  O  T  B  F  I  S  D  Z  W  R  M  S  N  Q
E  S  O  M  S  O  W  O  L  E  I  T  P  E  R
R  H  D  E  K  R  Y  I  O  O  Ë  P  A  E  E
A  N  A  T  O  M  I  E  T  M  N  Q  N  G  I
U  O  R  S  H  O  R  M  O  O  N  V  Y  A  A
P  R  N  A  T  U  U  R  L  I  J  K  S  L  K
F  U  V  V  I  G  A  Z  E  V  J  O  L  V
A  E  E  V  O  L  U  T  I  E  C  G  L  O  A
F  N  S  Y  M  B  I  O  S  E  W  X  L  C  A
```

ANATOMIE	ZOOGDIER
BACTERIËN	MUTATIE
CEL	NATUURLIJK
COLLAGEEN	ZENUW
CHROMOSOOM	NEURON
EMBRYO	OSMOSE
ENZYM	EIWIT
EVOLUTIE	REPTIEL
FOTOSYNTHESE	SYMBIOSE
HORMOON	SYNAPS

48 - Beleza

```
K U S Q S I S U X T E F S K C
V B W F T E C Q S W Q O N X C
Y H G A I L H G I U K T E P V
E P A U L E A Q O S L O N I S
M G P J I G A Y I Y I G N U I
R A E T S A R L L E G E I P S
A N S N T N U D E R H N Z Y S
H E E C A T E F I C N I R K H
C T I I A D G F N E Q E E L A
K C C U R E U J V N K V E M
H U I D N X A L B G K S Q U P
R D E L E G A N T I E U T R O
Y O O L I Ë N Z A G L I J E O
Z R T D V G V K R U L L E N N
H P L I P P E N S T I F T Q U
```

LIPPENSTIFT
KRULLEN
CHARME
KLEUR
ELEGANT
ELEGANTIE
SPIEGEL
STILIST
FOTOGENIEK
GEUR

GENADE
VERZINNEN
OLIËN
HUID
PRODUCTEN
MASCARA
DIENSTEN
SCHAAR
SHAMPOO

49 - Ecologia

```
M  S  P  L  E  B  D  H  E  T  G  O  O  R  D
U  A  O  F  X  H  U  W  O  A  K  V  R  V  P
R  R  Y  O  E  E  U  V  R  T  P  E  Q  R  J
M  E  N  R  R  I  R  I  W  I  L  R  K  I  Y
J  O  A  P  C  T  Z  L  Y  B  A  L  T  J  E
B  M  T  X  L  A  A  L  H  A  N  E  U  W  N
T  D  U  W  F  T  A  A  J  H  T  V  W  I  P
M  L  U  T  U  E  M  R  M  T  E  I  R  L  C
D  A  R  A  K  G  C  U  E  I  N  N  F  L  C
G  A  R  B  N  E  G  R  E  B  L  G  I  I  W
V  B  V  I  Z  V  F  A  U  N  A  K  B  G  M
S  O  U  L  N  S  O  J  F  L  O  R  A  E  L
P  L  X  K  J  I  L  R  U  U  T  A  N  R  D
S  G  U  L  T  I  E  T  Ë  I  R  A  V  S  U
D  T  I  E  T  I  S  R  E  V  I  D  D  A  U
```

KLIMAAT	NATUUR
DIVERSITEIT	MOERAS
SOORT	PLANTEN
FAUNA	DROOGTE
FLORA	OVERLEVING
GLOBAAL	DUURZAAM
HABITAT	VARIËTEIT
MARINIER	VEGETATIE
BERGEN	VRIJWILLIGERS
NATUURLIJK	

50 - Família

```
Z  K  V  O  C  L  K  Y  R  Z  Y  P  P  K  B
O  U  L  O  G  N  I  L  E  E  W  T  F  I  X
B  S  S  E  O  B  N  H  T  I  N  G  H  N  P
S  M  J  J  I  R  D  B  H  S  Z  R  L  D  I
B  R  O  E  R  N  O  R  C  J  H  O  V  E  R
D  F  Q  A  Y  H  Z  U  O  F  W  O  A  R  A
M  O  E  D  E  R  D  O  D  E  X  T  D  E  V
T  N  T  P  W  A  Z  P  O  E  A  M  E  N  R
S  J  N  A  M  P  V  Y  R  N  R  O  R  K  O
Z  B  A  O  O  M  A  P  O  P  C  E  L  O  U
E  T  T  Z  P  G  D  G  U  E  J  D  I  Y  W
U  B  B  K  X  U  E  M  A  R  U  E  J  N  T
N  I  C  H  T  J  R  F  W  J  P  R  K  K  U
C  L  B  U  V  B  V  U  P  P  F  E  C  W  F
M  B  Z  W  L  C  A  Z  Q  D  H  P  D  E  Y
```

VOOROUDER	BROER
GROOTMOEDER	MAN
OPA	MOEDER
KIND	KLEINZOON
KINDEREN	VADER
VROUW	VADERLIJK
DOCHTER	NICHT
TWEELING	NEEF
JEUGD	TANTE
ZUS	OOM

51 - Férias #2

```
R  F  R  V  D  M  Q  T  K  M  C  Z  L  B  U
B  Y  A  E  A  B  L  A  A  W  J  L  U  E  A
R  E  I  S  S  K  R  X  A  B  C  M  C  S  K
R  M  M  D  D  E  A  I  R  Y  G  R  H  T  T
E  I  L  A  N  D  R  N  T  N  E  T  E  X
O  D  E  T  A  L  Q  V  T  C  U  D  H  M  W
V  L  T  N  R  L  D  P  E  I  G  N  A  M  X
R  A  O  J  T  J  B  Y  G  R  E  A  V  I  Q
E  S  H  X  S  O  T  O  F  X  I  L  E  N  B
V  R  I  J  E  T  I  J  D  T  S  N  N  G  E
P  A  S  P  O  O  R  T  A  H  R  E  G  B  W
Z  W  Y  J  N  T  N  A  R  U  A  T  S  E  R
N  E  G  R  E  B  V  I  S  U  M  I  H  S  N
C  C  E  A  L  W  X  W  O  M  M  U  D  U  H
U  H  X  Q  I  O  S  Q  I  D  G  B  Y  K  C
```

LUCHTHAVEN	BERGEN
BESTEMMING	PASPOORT
BUITENLANDER	STRAND
VAKANTIE	RESERVERINGEN
FOTO'S	RESTAURANT
HOTEL	TAXI
EILAND	TENT
VRIJE TIJD	VERVOER
KAART	REIS
ZEE	VISUM

52 - Edifícios

```
V Z T V F Q N N Y S P Z D M A
Z Z K O I Z E A F C T A L U P
G T R E T A E H T H L K O S P
S T A D I O N I I O Z A C E A
S A M M D R W A C O Z S S U R
J I R G C V B Z K L B F I M T
E P E J A E G A R A G K U X E
D K P C V W U K F J S B H Z M
H R U U H C S M F R G T N T E
V X S A M B A S S A D E E Q N
B I O S C O O P T E N T K E T
B O E R D E R I J S K D E Q L
L A B O R A T O R I U M I C H
U N I V E R S I T E I T Z R E
P Y T O R E N D H O T E L E C
```

APPARTEMENT	ZIEKENHUIS
KASTEEL	HOTEL
SCHUUR	LABORATORIUM
BIOSCOOP	MUSEUM
AMBASSADE	SUPERMARKT
SCHOOL	THEATER
STADION	TENT
BOERDERIJ	TOREN
FABRIEK	UNIVERSITEIT
GARAGE	

53 - Xadrez

```
L E R E N T S P J N X O D U K
K S T B K N U A T C O U I I O
A F O S P E L S A I A V A T N
M K E C U M X S A Q J J G D I
P T R E R E T I W D D D O A N
I X N Y F L R E F F O U N G G
O Z O F F G A F R J B G A I I
E B O Y Z E W G I S P L A N N
N S I D V R Z N F Z L B L G I
S T R A T E G I E C S Q M E W
M C X M F L K N Q F A V L N N
J H K A I E F O P U N T E N K
W G J A P P I K C V K W W K N
D O M N Q S W E D S T R I J D
G P T E G E N S T A N D E R P
```

LEREN   PASSIEF
WIT   PUNTEN
KAMPIOEN   ZWART
WEDSTRIJD   KONINGIN
UITDAGINGEN   REGLEMENT
DIAGONAAL   KONING
STRATEGIE   OFFER
SPELER   TIJD
SPEL   TOERNOOI
TEGENSTANDER

54 - Aventura

```
M O E I L I J K H E I D C E U
U C O N G E W O O N O M B N I
R E I S P L A N K P J C R T T
E X C U R S I E D X A O I H D
V O O R B E R E I D I N G O A
I M J C O R V D E I A G N U G
J E U U V S G G H N C E I S I
K A N S Y U P U G E T V M I N
S C H O O N H E I D I A M A G
M Z N N N S Y R L N V A E S E
K O D Z I A N V I E I R T M N
M U E C X E T A E I T L S E K
H J Y D S T U U V R E I E W F
E Z S M B G U W U V I J B C W
N A V I G A T I E R T K V I O
```

VREUGDE
VRIENDEN
ACTIVITEIT
SCHOONHEID
MOED
KANS
UITDAGINGEN
BESTEMMING
MOEILIJKHEID
ENTHOUSIASME

EXCURSIE
ONGEWOON
REISPLAN
NATUUR
NAVIGATIE
NIEUW
GEVAARLIJK
VOORBEREIDING
VEILIGHEID

55 - Floresta Tropical

```
B  E  H  O  U  D  M  O  Y  Y  G  D  S  Z  T
J  U  N  G  L  E  E  N  D  T  E  I  O  O  Z
I  K  O  I  N  A  T  U  U  R  M  V  O  O  H
L  N  Y  S  Y  G  N  B  W  T  E  E  R  G  F
T  V  H  L  Q  J  E  O  A  T  E  R  T  D  S
E  U  Z  E  S  Z  T  T  A  O  N  S  L  I  W
I  Z  F  G  E  T  C  A  R  E  S  I  R  E  R
K  Y  Q  O  E  M  E  N  D  V  C  T  D  R  E
L  S  B  V  Z  H  S  I  E  L  H  E  P  E  S
I  W  O  L  K  E  N  S  V  U  A  I  T  N  P
M  K  Q  M  D  U  I  C  O  C  P  T  N  A  E
A  G  V  I  I  O  T  H  L  H  R  Z  H  D  C
A  X  E  I  T  A  R  U  A  T  S  E  R  K  T
T  O  V  E  R  L  E  V  I  N  G  E  D  D  M
A  M  F  I  B  I  E  Ë  N  L  S  D  Q  L  Y
```

AMFIBIEËN	NATUUR
BOTANISCH	WOLKEN
KLIMAAT	VOGELS
GEMEENSCHAP	BEHOUD
DIVERSITEIT	TOEVLUCHT
SOORT	RESPECT
INHEEMS	RESTAURATIE
INSECTEN	JUNGLE
ZOOGDIEREN	OVERLEVING
MOS	WAARDEVOL

56 - Cidade

```
N N L N A N Q T U P D J S B H
M N V X I P S X R R I S C I M
C Q R C J L O T Y W K Y H B U
P O V E S R E T A E H T O L X
B L O E M I S T H Z A D O I B
Q V W N G P Q B V E X K L O A
N I U T N E R E I D E M F T K
R L E D N A H K E O B K P H K
B E S A L O N M U E S U M E E
G T N A R U A T S E R C A E R
N O I D A T S K N A B Y O K I
U H B Z W J I R E L A G C O J
D B L B N E V A H T H C U L P
N U J N K S W M T J L O E P T
W S U P E R M A R K T J Q G Z
```

LUCHTHAVEN	DIERENTUIN
BANK	BOEKHANDEL
BIBLIOTHEEK	MARKT
BIOSCOOP	MUSEUM
SCHOOL	BAKKERIJ
STADION	RESTAURANT
APOTHEEK	SALON
BLOEMIST	SUPERMARKT
GALERIJ	THEATER
HOTEL	

57 - Música

```
O P N A M E Z E M Z O N W I M
P M P B L K K I I K Q V O N I
M U O U A Y M O N U J C P S C
E Z Ë N A Z R C K G W F E T R
T I T N C J M I G B E X R R O
N K I G O T V T S Y F N A U F
A A S V V H G Y M C G W E M O
K A C E D A L L A B H L I E O
I L H P E R O O K A H P R N N
Z X J E Q M U B L A V A I T F
U Q X I L O T F V Z A N G E R
M O Y Q G N R I F D E V T K M
N E R E S I V O R P M I A I U
T W F M T E I D O L E M A J Z
E X Y U K L A S S I E K R L X
```

ALBUM	LYRISCH
BALLADE	MELODIE
ZINGEN	MICROFOON
ZANGER	MUZIKAAL
KLASSIEK	MUZIKANT
KOOR	OPERA
OPNAME	POËTISCH
HARMONIE	RITME
IMPROVISEREN	TEMPO
INSTRUMENT	VOCAAL

58 - Matemática

```
D M X L C I J F E R S U D R V
R K E O H T H C E R M L I B O
I L Q O P A R A L L E L T H M
E B U D F R A C T I E C Q G T
H G V R E T J S N D S T G A R
O E V E V N K N U T O S U S E
E O I C F E I R T E M M Y S K
K M E H B N E D E C I M A A L
M E R T D O P L H V B V X N A
I T K V F P C V H O O V D Z A
E R A I K X H N P O E L Q K R
S I N M R E W U S B E K U R T
R E T E M A I D Y G M K E M S
V E R G E L I J K I N G J N E
R E K E N K U N D I G H M W A
```

REKENKUNDIG
HOEKEN
OMTREK
DECIMAAL
DIAMETER
VERGELIJKING
EXPONENT
FRACTIE
GEOMETRIE
CIJFERS

PARALLEL
LOODRECHT
VEELHOEK
VIERKANT
STRAAL
RECHTHOEK
SYMMETRIE
SOM
DRIEHOEK
VOLUME

59 - Saúde e Bem Estar #1

```
B  B  K  E  E  H  T  O  P  A  C  F  Q  G  B
D  M  B  K  J  O  G  E  W  O  O  N  T  E  A
O  S  B  Q  J  O  V  E  G  Y  I  W  O  B  C
K  F  V  F  M  G  N  I  D  U  O  H  N  W  T
T  Z  F  P  E  T  Q  G  F  W  N  U  F  Y  E
E  K  L  H  F  E  I  T  C  A  T  R  U  D  R
R  L  H  O  H  P  O  B  B  O  T  T  E  N  I
U  I  B  Q  U  H  O  N  G  E  R  N  Y  M  Ë
A  N  G  N  I  L  E  D  N  A  H  E  B  E  N
G  I  Y  Q  D  B  R  E  U  K  O  W  V  D  D
G  E  H  O  R  M  O  N  E  N  B  U  H  I  R
H  K  O  N  T  S  P  A  N  N  I  N  G  C  N
X  N  F  Z  T  H  E  R  A  P  I  E  T  I  K
R  E  F  L  E  X  V  I  R  U  S  Z  I  J  V
P  B  B  P  F  U  N  E  R  G  W  Q  O  N  F
```

HOOGTE
ACTIEF
BACTERIËN
KLINIEK
DOKTER
APOTHEEK
HONGER
BREUK
GEWOONTE
HORMONEN

MEDICIJN
ZENUWEN
BOTTEN
HUID
HOUDING
REFLEX
ONTSPANNING
THERAPIE
BEHANDELING
VIRUS

60 - Imigração

```
T  H  U  I  S  V  E  S  T  I  N  G  R  G  S
D  E  G  O  E  D  K  E  U  R  I  N  G  T  N
O  K  R  Y  V  Q  T  S  I  T  U  A  T  I  E
C  T  K  M  Y  K  D  A  W  E  W  Q  Z  S  Z
U  A  I  T  I  U  A  M  A  Z  W  A  B  F  N
M  U  N  J  I  J  B  I  P  L  U  H  T  C  E
E  E  D  U  N  C  N  O  F  F  I  C  I  E  R
N  S  E  C  O  R  P  S  N  T  R  S  Q  U  G
T  R  R  F  I  N  A  N  C  I  E  R  I  N  G
E  E  E  L  N  E  N  E  S  S  A  W  L  O  V
N  G  N  I  M  R  E  H  C  S  E  B  A  S  J
O  P  L  O  S  S  I  N  G  E  C  M  V  C  R
M  U  P  E  B  R  M  P  W  R  J  N  O  V  S
K  B  D  H  O  R  B  M  V  T  N  F  F  J  I
Q  C  V  X  A  O  Y  A  T  S  F  I  A  T  E
```

VOLWASSENEN
HULP
GOEDKEURING
KINDEREN
DOCUMENTEN
STRESS
FINANCIERING
GRENZEN
HUISVESTING

WET
TAAL
OFFICIER
TERMIJN
PROCES
BESCHERMING
SITUATIE
OPLOSSING

61 - Natureza

```
S X W I L D S H C S I T C R A
C M B G W W N Q U L N E J I B
H C S I P O R T S I M B N V R
U E J H N N J W D W D A J I B
I V F L T O M O D G I L I E H
L G E B L A D E R T E A T R D
P E R O S I E E N V H A S E V
L B P V U V H S N Y N T E J L
A O K Z F N O V S J O I O S D
A S U V N E K L O W O V W T I
T W S V S E F M J I H L W E E
S H H K K E E Y G W C E Y L R
E R G I T S U R L I S J G G E
P B X Y T W D E E B G V G Z N
Y U B D Y N A M I S C H W I V
```

BIJEN   GLETSJER
SCHUILPLAATS   MIST
DIEREN   WOLKEN
ARCTISCH   RUSTIG
SCHOONHEID   RIVIER
WOESTIJN   HEILIGDOM
DYNAMISCH   WILD
EROSIE   SEREEN
BOS   TROPISCH
GEBLADERTE   VITAAL

62 - Doença

```
B N E U R O P A T H I E X G S
K O A C U U T B F O D W Z D I
Y K T A D E M H A L I N G G K
W Q D T B I M M U N I T E I T
E P W F E G E Z O N D H E I D
A B P O G N I Z E N E G X Q I
L L Q B E S M E T T E L I J K
I B L C H R O N I S C H K U J
C M N E O N T S T E K I N G I
H M O O R D N Y S T C A S C L
A U P E B G K A W Z X G A J E
A S C H C S I T E N E G G K F
M F A G F W U E J H A R T I R
I U D L Y T B Z Ë V Q E V O E
T H E R A P I E X N E D N E L
```

BUIK
ACUUT
ALLERGIEËN
BESMETTELIJK
HART
LICHAAM
CHRONISCH
GENEZING
ZWAK
GENETISCH

ERFELIJK
IMMUNITEIT
ONTSTEKING
LENDEN-
NEUROPATHIE
BOTTEN
ADEMHALING
GEZONDHEID
SYNDROOM
THERAPIE

63 - Aquecimento Global

```
W W G A P X H I X K F K M I P
E E N E R L K H G Q W L I N O
T T I N G C L J Z Q D I L D P
E G R T U E T D D Z C M I U U
N E E L V X V I G X I A E S L
S V G M T A N E S A G A U T A
C I E E O Z E O N C V T T R T
H N R N I U G A W S H S H I I
A G U S J N L S J N X M C E E
P Y H E D F O I H F Q O A X S
P N K N B Z V S Z X Q K D O Y
E H V H Y S E I T A R E N E G
R I C B E I G R E N E O A O V
X W R U T T L C U M H T A T T
O N T W I K K E L I N G O M A
```

NU	ENERGIE
MILIEU	TOEKOMST
AANDACHT	GAS
ARCTISCH	GENERATIES
WETENSCHAPPER	REGERING
KLIMAAT	MENSEN
GEVOLGEN	INDUSTRIE
CRISIS	WETGEVING
GEGEVENS	POPULATIES
ONTWIKKELING	

64 - Aviões

```
X O M T E A V O N T U U R G B
N A V I G E R E N O C O E E E
O M J T W Y T O O L I P E S M
L I H M H M Z G S E M B F C A
L S S T T H E P O A Y L S H N
A R I C H T I N G O P A O I N
B H S K C L M S N F H Z M E I
O E R A U W A M N H F E T D N
Z M N G L Z E N C W F N A E G
J E H K R T V G D Q R C R N H
B L S H F O T S R E T A W I G
G O A F D A L I N G N C B S F
X Z U J X Y T W E T M O T O R
L B J W B R A N D S T O F Z S
W H F P A S S A G I E R M C U
```

HOOGTE	RICHTING
LUCHT	WATERSTOF
LANDEN	GESCHIEDENIS
ATMOSFEER	OPBLAZEN
AVONTUUR	MOTOR
BALLON	NAVIGEREN
HEMEL	PASSAGIER
BRANDSTOF	PILOOT
BOUW	BEMANNING
AFDALING	

65 - Tipos de Cabelo

```
T  P  T  V  W  G  K  G  M  G  N  A  L  C  G
K  G  E  K  L  E  U  R  D  O  E  Z  D  Y  R
G  R  U  K  V  M  G  N  N  O  X  Z  R  R  I
E  K  U  B  E  L  N  P  O  R  B  X  O  B  J
V  A  A  L  H  G  G  K  L  D  Y  H  Q  N  S
L  A  H  Q  L  N  L  G  B  L  H  O  K  I  D
O  L  Z  M  D  E  R  I  K  K  W  I  Q  U  N
C  T  V  O  Z  T  N  T  M  W  I  Y  Y  R  E
H  D  R  K  A  H  E  D  F  M  T  L  F  B  V
T  A  N  Y  C  C  L  L  J  J  E  V  J  L  L
E  J  M  Z  H  E  L  O  G  Y  I  N  A  T  O
N  D  U  N  T  L  U  V  F  H  X  M  D  Y  G
Z  W  A  R  T  V  R  V  Z  I  L  V  E  R  V
S  T  Q  G  R  F  K  F  F  F  Y  G  W  B  H
X  E  H  N  N  E  C  P  A  R  R  V  L  F  P
```

WIT	LANG
GLIMMEND	BRUIN
KRULLEN	GOLVEND
KAAL	ZILVER
GRIJS	ZWART
GEKLEURD	GEZOND
KRULLEND	DROOG
DUN	ZACHT
DIK	GEVLOCHTEN
BLOND	VLECHTEN

66 - Criatividade

```
S  I  I  E  D  U  G  E  V  O  E  L  E  N  S
P  N  N  M  E  I  T  A  R  I  P  S  N  I  B
O  T  T  O  W  T  E  E  C  H  T  H  E  I  D
N  U  E  T  Z  D  G  H  R  R  K  M  W  T  Q
T  Ï  N  I  L  R  W  A  G  Q  H  B  A  H  J
A  T  S  E  K  U  R  D  N  I  H  Y  B  C  R
A  I  I  S  A  K  Y  R  B  F  D  C  Y  S  N
N  E  T  E  E  K  Z  T  K  M  T  R  A  I  L
C  N  E  F  E  I  T  N  E  V  N  I  A  T  E
Q  M  I  C  K  N  W  K  I  J  D  S  L  A  O
K  D  T  K  F  G  Q  N  F  U  A  X  B  M  V
V  L  O  E  I  B  A  A  R  H  E  I  D  A  E
H  E  L  D  E  R  H  E  I  D  K  Z  U  R  G
N  E  N  E  O  I  S  I  V  W  N  Z  Y  D  U
V  B  A  R  T  I  S  T  I  E  K  R  Q  W  T
```

ARTISTIEK	BEELD
ECHTHEID	INDRUK
HELDERHEID	INSPIRATIE
DRAMATISCH	INTENSITEIT
EMOTIES	INTUÏTIE
SPONTAAN	INVENTIEF
UITDRUKKING	GEVOEL
VLOEIBAARHEID	GEVOELENS
VAARDIGHEID	VISIOENEN

67 - Dias e Meses

```
Z S E P T E M B E R S Q I C K
G A D R E D N O D A H Z K N A
S U T S U G U A X M O J W L L
V D R E B M E V O N W N R I E
R E K Z R Y E J K J A A R N N
I C F C Z D S N T U P S O K D
J E D E F Z A A O M A A N D E
D M I K D D D G B C H Y P Y R
A B R W E X B C E J G L J R O
G E A E B A O I R A U R B E F
A R U K X T I L D T D N L G H
Z O N D A G I U W Q P R I O U
M A A N D A G J E Y X W R Q F
E W J Z H T G W E Z I O P S K
D I N S D A G Z K D M I A R J
```

APRIL	MAAND
AUGUSTUS	NOVEMBER
JAAR	OKTOBER
KALENDER	DONDERDAG
DECEMBER	ZATERDAG
ZONDAG	MAANDAG
FEBRUARI	WEEK
JANUARI	SEPTEMBER
JULI	VRIJDAG
JUNI	DINSDAG

68 - Saúde e Bem Estar #2

```
A N M T V I T A M I N E H A Y
Y V O H H C O K O S E I Y L L
I P E Q A C A L O R I E G L Z
V N A R H S I X G B G I I E I
U G F U W H O W H E R T Ë R E
D E D E O M B J E Q E A N G K
W Z E M C V W M R G N R E I E
A O D U A T Y P S E E D Z E N
N N T H I V I R T U M Y S F H
A D R P B B Y E E A R H B W U
T V Z Z V T S U L T E E D E I
O K F A K V C Y O E K D I H S
M A A H C I L Y N E D E O L B
I S C V G E N E T I C A I J R
E G A S S A M W L D N O M Z W
```

ALLERGIE

ANATOMIE

EETLUST

CALORIE

LICHAAM

DEHYDRATIE

DIEET

ZIEKTE

ENERGIE

GENETICA

HYGIËNE

ZIEKENHUIS

HUMEUR

INFECTIE

MASSAGE

GEWICHT

HERSTEL

BLOED

GEZOND

VITAMINE

69 - Geografia

```
M E R I D I A A N N H T X L W
Q F G N Y R S A L T A D M X E
O P G L Z Y T R A A K Q Z B S
N R A F R R A N E D R O O N T
W E R E L D D A E E Z Q D R E
Q A E W U N U A T N B V T F N
Z F I O V A F E G R I R J R N
Y U V J N L Z C O B D T A U S
G I I B K B R O O D K N V X
L I R D B W C I H I E M E O G
A L A Q E Q C G R E B U I X C
I S K O Q N Z E S X N G L E J
J F T G B W J R R L J P A M W
I S Q H A L F R O N D T N B K
B R E E D T E G R A A D D N O
```

HOOGTE   BERG
ATLAS   WERELD
STAD   NOORDEN
CONTINENT   OCEAAN
HALFROND   WESTEN
EILAND   LAND
BREEDTEGRAAD   REGIO
KAART   RIVIER
ZEE   ZUIDEN
MERIDIAAN

70 - Antártica

```
C E R N H G E O G R A F I E R
R O I B E H O U D X E F E T O
M V N L M I G R A T I E X E T
B Z B T A E O P P B T Z P M S
Q J U N I N F T R O W T E P A
F L X D Q N D X Y G U T D E C
Z F C E I Y E E S O C E I R H
O O H O J C J N N Z L T A T
W M Q O S K S S T T E R I T I
A A G M I N E R A L E N E U G
T H R E K E O Z R E D N O U F
E N X X V P I N G U Ï N E R U
R I N W W I G L E T S J E R S
B A A I Q Q N E S S I V L A W
I W H D M N P G H C L I S I I
```

OMGEVING
WATER
BAAI
WALVISSEN
BEHOUD
CONTINENT
INHAM
EXPEDITIE
GLETSJERS

IJS
GEOGRAFIE
EILANDEN
ONDERZOEKER
MIGRATIE
MINERALEN
PINGUÏN
ROTSACHTIG
TEMPERATUUR

71 - Flores

```
L  R  U  P  T  U  L  P  E  B  J  H  F  M  P
U  E  J  E  I  L  E  L  H  A  A  O  L  R  O
G  V  A  I  L  O  N  G  A  M  S  Q  A  H  P
R  A  L  I  L  X  E  K  U  C  M  S  V  I  A
N  P  R  Y  M  Z  W  N  M  J  I  L  E  B  A
A  A  K  D  A  M  L  D  R  X  J  U  N  I  R
R  P  X  O  E  R  O  O  S  O  N  I  D  S  D
C  F  L  L  Q  N  B  X  G  H  O  H  E  C  E
I  L  A  G  S  I  I  O  C  M  M  S  L  U  B
S  C  J  Y  G  U  D  A  E  D  O  B  K  S  L
O  R  C  H  I  D  E  E  J  K  E  R  L  V  O
P  L  U  M  E  R  I  A  N  Q  E  C  A  O  E
M  A  D  E  L  I  E  F  J  E  F  T  V  B  M
B  L  O  E  M  B  L  A  D  C  B  G  E  X  U
Z  O  N  N  E  B  L  O  E  M  R  M  R  L  J
```

BOEKET	MADELIEFJE
PAARDEBLOEM	NARCIS
GARDENIA	ORCHIDEE
ZONNEBLOEM	PAPAVER
HIBISCUS	PIOENROOS
JASMIJN	BLOEMBLAD
LAVENDEL	PLUMERIA
LILA	ROOS
LELIE	KLAVER
MAGNOLIA	TULP

72 - Fazenda #1

```
Y  V  H  D  Z  P  S  S  S  A  O  K  X  E  N
V  A  V  Q  Z  F  F  K  W  N  M  L  A  M  X
X  R  T  O  S  B  L  P  R  J  Q  Q  N  T  I
Q  K  K  A  L  F  W  E  V  Y  O  C  B  T  H
F  E  D  G  M  S  D  L  H  V  Y  S  R  G  H
Z  N  H  K  N  H  E  K  P  Y  C  R  E  Q  H
O  F  H  S  E  I  O  O  H  N  Q  K  D  Z  L
Z  C  V  C  F  U  N  M  J  T  F  J  N  M  P
U  O  P  V  N  U  K  O  F  A  G  U  A  C  K
J  X  V  E  L  D  N  O  H  T  S  J  I  R  P
Z  U  Z  D  E  W  A  T  E  R  G  E  I  T  A
K  O  E  D  Z  P  A  A  R  D  B  C  A  B  K
C  P  T  U  E  I  W  U  O  B  D  N  A  L  N
Y  L  Y  K  B  K  M  E  S  T  E  E  R  D  W
L  T  T  V  R  A  A  S  P  J  O  A  K  A  I
```

BIJ	HEK
LANDBOUW	KRAAI
RIJST	HOOI
WATER	MEST
KALF	KIP
EZEL	KAT
GEIT	HONING
VELD	VARKEN
PAARD	KUDDE
HOND	KOE

73 - Livros

```
L I T E R A I R B P V Y K H V
I N V E N T I E F Y V V L I W
A U T E U R G O Z D R L W S H
Q L T J H C E I R E S T V T A
D T J Y N M S V W N X Q E O V
R M N S P Z C O E U W A R R O
E P B R J T H C I D E G H I N
L O L B B W R C T I D R A S T
L R O M A N E O C O J E A C U
E P I S C H V N E F I L L H U
T I T J U C E T L L Z E I M R
R J Z R G Y N E L E D V H S R
E P R Ë Y L J X O Z A A B C W
V C J T O U A T C E L N K W F
U Q M M V P V G Z R B T M U N
```

AUTEUR   LEZER
AVONTUUR   LITERAIR
COLLECTIE   VERTELLER
CONTEXT   BLADZIJDE
GESCHREVEN   GEDICHT
EPISCH   POËZIE
VERHAAL   RELEVANT
HISTORISCH   ROMAN
INVENTIEF   SERIE

74 - Chocolate

```
S F C P I N D A S N K U X M K
U A A B T I E T I L A W K M A
I V L I L X A T S M A A K D R
K O O T E X X O E K K L R E A
E R R T Y H W O Z C P R Z A M
R I I E L A A N A S I T R A E
A E E R D H C S I T O X E O L
C T Ë F I N F O I B F K D O A
M K N G M W D K E M Z J E C Z
C A C A O J P O R E N I O J S
E R G B M L N K R H A L P N J
A N T I O X I D A N T R S B I
I N G R E D I Ë N T V E O S E
G R E C E P T E I G M E F M I
S V X W P O L U L K X H T K A
```

SUIKER
BITTER
PINDA'S
ANTIOXIDANT
AROMA
ARTISANAAL
CACAO
CALORIEËN
KARAMEL
KOKOSNOOT

ETEN
HEERLIJK
ZOET
EXOTISCH
FAVORIET
SMAAK
INGREDIËNT
POEDER
KWALITEIT
RECEPT

75 - Governo

```
D Q L O C S T A A T X G N V G
V E Z V P I Z L J B N R Z R E
Z I M L A N V I G E W O W I L
Z S K O H T A I F Y L N E J I
L S J O C I K T E J P D T H J
R U I B S R A I I L O W N E K
U C L M R K A D R E L E E I H
S S E Y E Y R T D U I T M D E
T I T S G A P T I O T O U E I
I D H Z R E S S D E I C N R D
G D C P U V E Q W Q E D O R W
X R E I B U O A M K K R M W I
G E R E C H T I G H E I D X J
R M E Y X O L E I D E R Z J K
B X G N A T I O N A A L Q Z L
```

BURGERSCHAP
CIVIEL
GRONDWET
DEMOCRATIE
TOESPRAAK
DISCUSSIE
WIJK
STAAT
GELIJKHEID
GERECHTELIJK

GERECHTIGHEID
WET
VRIJHEID
LEIDER
MONUMENT
NATIONAAL
NATIE
RUSTIG
POLITIEK
SYMBOOL

76 - Jardinagem

```
G N A L S I B B C L H P N I V
E W K G I B L O O I V Z F P Z
B Z A S H F O E M E D O B L F
L J Y T Q D E K P N N N J Y B
A J G N E C M E O X P G M X T
D H H X I R E T S K M K Z M F
E O C Q T D N F T A A M I L K
R H C S I T O X E O B N L J Z
T V R S I E E T B A A R U N M
E Z A D E N B T H C O V M Y D
Q E Z A D P A Z W W K I U D T
Q E B L O T S T R O O S R I D
X Q D B M E S E O L B T Y I L
C O N T A I N E R B N B F A F
B O O M G A A R D G N M U J E
```

WATER	BLAD
BOTANISCH	GEBLADERTE
BOEKET	SLANG
KLIMAAT	BOOMGAARD
EETBAAR	CONTAINER
COMPOST	ZADEN
SOORT	BODEM
EXOTISCH	VUIL
BLOESEM	VOCHT
BLOEMEN	

77 - Profissões #2

```
F  I  L  O  S  O  O  F  F  O  F  A  J  Z  C
U  I  T  V  I  N  D  E  R  N  O  U  R  Q  S
R  U  E  I  N  E  G  N  I  D  T  N  E  T  B
G  O  O  L  Ö  O  Z  Q  R  E  O  B  D  C  S
D  E  T  E  C  T  I  V  E  R  G  S  L  H  H
P  M  P  A  M  U  W  R  L  Z  R  T  I  I  U
G  I  V  J  R  H  H  O  N  O  A  R  H  R  H
G  H  L  E  Z  T  H  Q  H  E  A  A  C  U  F
P  U  N  O  P  O  S  L  Z  K  F  D  S  R  E
U  T  R  Z  O  H  U  U  D  E  Y  N  U  G  F
Y  Q  A  M  N  T  N  M  L  R  A  A  R  E  L
A  S  T  R  O  N  A  U  T  L  H  T  X  Y  K
I  Q  M  F  T  S  Ï  U  G  N  I  L  H  N  C
B  I  O  L  O  O  G  T  U  I  N  M  A  N  X
J  O  U  R  N  A  L  I  S  T  P  A  Q  P  G
```

BOER	UITVINDER
ASTRONAUT	ONDERZOEKER
BIOLOOG	TUINMAN
CHIRURG	JOURNALIST
TANDARTS	LINGUÏST
DETECTIVE	ARTS
INGENIEUR	PILOOT
FILOSOOF	SCHILDER
FOTOGRAAF	LERAAR
ILLUSTRATOR	ZOÖLOOG

78 - Café

```
V Z M F I Q D G P O S V V B F
V L C H Q K I O M V A A V W U
A M O R A U I D V U A R Y G L
Z O N E L A M R O H S I U L R
M O A T I Y Q E S O Q Ë P M H
R R J T X S J T N O U T O K L
F N K I J H T S V R E E C Q S
I M Z B V M R O A S N I H B S
L D M A I I V O F P Ï T T V P
T M Z W A R T R W R E K E B R
E W E N F O P E K O F X N J I
R K A L I N F G K N A R D V J
B F Y T K T C R U G C U F A S
Y H Y E E B H N S I H E D N L
S M A A K R H S U I K E R L P
```

SUIKER
BITTER
AROMA
GEROOSTERD
WATER
DRANK
CAFEÏNE
BEKER
ROOM
FILTER

MELK
VLOEISTOF
OCHTEND
MALEN
OORSPRONG
PRIJS
ZWART
SMAAK
VARIËTEIT

79 - Negócios

```
W  D  K  N  Z  W  F  S  E  W  J  V  I  W  P
V  E  O  G  N  I  R  E  T  S  E  V  N  I  S
A  W  R  E  V  E  G  K  R  E  W  D  C  N  F
L  I  T  K  C  D  K  A  N  T  O  O  R  K  A
U  N  V  K  N  L  X  T  O  U  M  H  L  E  B
T  S  S  P  R  E  I  N  K  O  M  E  N  L  R
A  T  Q  T  G  G  M  B  H  K  M  S  K  Y  I
M  N  H  A  W  K  M  E  I  M  O  N  O  C  E
E  G  G  Y  F  F  J  I  R  D  E  B  G  V  K
H  A  N  D  E  L  S  W  A  A  R  N  S  I  U
B  E  L  A  S  T  I  N  G  E  N  E  V  B  P
B  E  G  R  O  T  I  N  G  N  I  T  R  O  K
C  A  R  R  I  È  R  E  Y  L  N  S  B  V  A
F  I  N  A  N  C  I  Ë  N  U  K  O  C  M  W
S  J  K  X  D  L  O  Q  P  O  O  K  R  E  V
```

CARRIÈRE	FINANCIËN
KOSTEN	BELASTINGEN
KORTING	INVESTERING
GELD	WINKEL
ECONOMIE	WINST
WERKNEMER	HANDELSWAAR
WERKGEVER	VALUTA
BEDRIJF	BEGROTING
KANTOOR	INKOMEN
FABRIEK	VERKOOP

80 - Fazenda #2

```
X  D  O  Z  X  Z  K  G  P  Z  B  M  C  R  P
S  Q  B  S  K  G  C  O  J  N  O  A  R  I  C
V  R  X  Z  T  X  K  G  U  O  Ï  U  J  U
W  O  N  T  C  F  F  V  V  D  M  S  W  P  I
J  T  Q  Q  K  L  E  M  P  L  G  D  A  T  B
S  C  H  U  U  R  A  S  V  G  A  M  A  L  U
Q  A  A  I  L  T  B  M  M  P  A  A  H  C  S
P  R  O  Z  M  O  I  V  T  S  R  E  G  I  D
E  T  Z  L  E  B  J  Z  I  H  D  N  E  E  P
W  E  I  D  E  O  E  A  U  V  E  E  Y  T  L
G  C  U  S  K  E  N  I  R  G  J  R  N  T  F
T  A  R  W  E  R  K  O  F  D  T  E  D  E  B
H  X  E  T  N  E  O  R  G  O  P  I  I  E  H
E  I  T  A  G  I  R  R  I  Q  J  D  E  F  R
P  P  M  O  F  T  F  C  A  H  E  G  T  L  I
```

BOER	RIJP
DIEREN	MAÏS
SCHUUR	SCHAAP
GERST	HERDER
BIJENKORF	EEND
LAM	BOOMGAARD
FRUIT	WEIDE
IRRIGATIE	TRACTOR
MELK	TARWE
LAMA	GROENTE

81 - Jardim

```
I  A  D  Y  Z  Q  G  S  M  K  E  O  D  B  J
W  G  M  R  Z  E  A  C  M  K  N  B  I  L  J
S  A  R  R  E  T  R  E  V  J  I  V  Z  O  E
L  Z  L  B  C  D  A  J  M  Z  L  P  E  E  D
I  O  K  K  O  G  G  V  R  Z  O  I  Y  M  H
I  N  I  U  T  D  E  M  E  Y  P  H  Q  D  A
L  Y  U  U  K  R  E  Z  V  R  M  E  M  C  N
Q  E  R  O  U  A  K  M  P  S  A  K  D  J  G
B  N  T  L  B  A  S  O  J  L  R  N  E  G  M
G  O  S  B  T  G  D  O  A  A  T  D  D  X  A
G  R  A  S  E  M  I  B  A  N  H  V  F  A  T
S  N  U  A  P  O  H  C  S  G  V  A  D  X  G
Z  T  D  G  I  O  U  Z  M  S  X  F  R  O  T
O  B  A  N  K  B  V  W  V  D  Q  O  U  K  D
T  P  R  Q  Y  A  X  W  I  J  N  S  T  O  K
```

HARK	VIJVER
STRUIK	HANGMAT
BOOM	SLANG
BANK	SCHOP
HEK	BOOMGAARD
BLOEM	BODEM
GARAGE	TERRAS
GRAS	TRAMPOLINE
GAZON	VERANDA
TUIN	WIJNSTOK

82 - Oceano

```
C J T B F T U O Z P S C U H G
S T O R M R O F K T D P Q T A
P A V E C I G N E G L A V M R
K V L T V F S J I J X V M S N
V U G S R D C I L J F D I V A
G T F E V E A F U S N O P S A
L E Z O I C P L A A R O K R L
B G T F S U P O T C O E L A O
R H X I S S O D B O O T Y A F
U L S K J H A A I R P S B L C
H C D A P D L I H C S Q G A H
W A L V I S E Y K Y F K K W F
K Q S M N Q B N R A E S M K H
P E Q A M Z O A A F Q S P V L
C Y G C W P B C B S U T M Z N
```

ALGEN	GETIJDEN
TONIJN	KWAL
WALVIS	OESTER
BOOT	VIS
GARNAAL	OCTOPUS
KRAB	RIF
KORAAL	ZOUT
AAL	SCHILDPAD
SPONS	STORM
DOLFIJN	HAAI

83 - Profissões #1

```
W V E R P L E E G S T E R R M
P E R E T E I G D O O L E G A
S A T W S E P P M D K E B O T
Y J M E I Z U M L Y A M A O R
C U O B N B C H K Y F N E L O
H W K D A S X C C Y T O S O O
O E R J I S C P E J Q Y V E S
L L V A P C S H F Z R U Z G R
O I R G L K B A A I I G J I E
O E P E X A T F D P R E I S I
G R J R O T I D E E P C X P K
A S T R O N O O M U U E H A N
M U Z I K A N T W M Y R R B A
B R A N D W E E R M A N N A B
B A D V O C A A T S E I T R A
```

ADVOCAAT	AMBASSADEUR
ARTIEST	LOODGIETER
ASTRONOOM	VERPLEEGSTER
BANKIER	GEOLOOG
BRANDWEERMAN	JUWELIER
JAGER	MATROOS
WETENSCHAPPER	MUZIKANT
DANSER	PIANIST
EDITOR	PSYCHOLOOG

84 - Força e Gravidade

```
O N T D E K K I N G A D O Q M
P Z D Y N A M I S C H R M S J
N A T U U R K U N D E U O E N
M E C H A N I C A T G K L R E
M A G N E T I S M E A R F V M
F U I T B R E I D I N G V P M
C E N T R U M G C G N A V M O
F I E T S W A E T I J D A N D
M M T U D R S W S H J I E B N
R P E H J I L I Y I G E Q P E
M A N B J J E C E Q P H S Z G
P C A H I V O H G I E L J B I
A T L F K I T T U M R E K Y E
E U P Y D N A T S F A N A E E
A W R P P G E P N X U S V P T
```

WRIJVING
CENTRUM
ONTDEKKING
DYNAMISCH
AFSTAND
AS
UITBREIDING
NATUURKUNDE
IMPACT
MAGNETISME

OMVANG
MECHANICA
BAAN
GEWICHT
PLANETEN
DRUK
EIGENDOMMEN
SNELHEID
TIJD

85 - Abelhas

```
V V F R U I T K D S U J E X K
Z O O S X K S Y X Z W E R M O
I O S I R T F I Q W N O F E N
L R G A V X E P Q Q D S T E I
R D V F B P N K X G I L M T N
D E K X P Q R T B S F E M S G
T L P L A N T E N L R G M Y I
T I M L R Q H A A E O U X S N
U G X L B J E O T K R E F O S
I D H T T C E S N I U L S C R
N C F R O K N E J I B V J E K
B L O E M E N G E X N A Z R M
B O J K F S V O W A S G H O Z
C K S T U I F M E E L Y R O O
D I V E R S I T E I T E P K N
```

VLEUGELS
VOORDELIG
WAS
BIJENKORF
DIVERSITEIT
ECOSYSTEEM
ZWERM
BLOESEM
BLOEMEN
FRUIT

ROOK
HABITAT
INSECT
TUIN
HONING
PLANTEN
STUIFMEEL
KONINGIN
ZON

86 - Ciência

```
A C H T O N O R D W F Z W H P
T H Y C B A R L E E O P F C A
O E P F S T G M E T S F T T M
O M O M E U A I L E S M U A U
M I T E R U N N T N I F N A I
X S H T V R I E J S E M E M R
N C E H A K S R E C L H T I O
E H S O T U M A S H R Y N L T
L V E D I N E L N A O A A K A
U N O E E D X E E P H X L G R
C R A L N E X N V P F F P N O
E W T T U S F H E E F Z Y L B
L W I P U T G H G R W T N Q A
O O H K E U I U E F J A R B L
M M X Z E E R E G N C Q W Z B
```

ATOOM   METHODE
WETENSCHAPPER   MINERALEN
KLIMAAT   MOLECULEN
GEGEVENS   NATUUR
EVOLUTIE   OBSERVATIE
FEIT   ORGANISME
NATUURKUNDE   DEELTJES
FOSSIEL   PLANTEN
HYPOTHESE   CHEMISCH
LABORATORIUM

87 - Comida #1

```
S  B  X  P  S  V  R  W  O  R  T  E  L  K  J
A  X  Y  P  P  A  S  A  N  P  Q  G  F  A  M
L  Z  Y  I  I  G  S  P  A  A  B  G  E  N  D
A  O  E  I  N  R  E  W  L  P  B  C  Y  E  Q
D  U  R  G  A  B  T  O  N  I  J  N  B  E  U
E  T  Q  A  Z  X  H  Y  P  Z  M  G  X  L  H
K  S  F  O  I  M  Z  S  Z  U  J  Q  O  S  U
N  R  A  G  E  U  M  U  C  I  L  I  S  A  B
O  E  K  A  C  I  W  Z  X  I  U  Z  Y  M  U
F  G  V  F  R  S  O  E  P  R  T  Q  D  T  M
L  E  P  F  J  D  K  K  J  J  W  R  A  N  D
O  Y  L  B  C  N  B  P  I  N  D  A  O  M  R
O  U  C  N  V  K  L  E  M  B  U  O  J  E  O
K  F  X  Y  S  O  O  K  I  R  B  A  C  W  N
B  S  L  F  J  S  U  I  K  E  R  H  P  X  C
```

SUIKER	SPINAZIE
KNOFLOOK	MELK
PINDA	CITROEN
TONIJN	BASILICUM
CAKE	AARDBEI
KANEEL	RAAP
UI	ZOUT
WORTEL	SALADE
GERST	SOEP
ABRIKOOS	SAP

88 - Geometria

```
D V S S B F H L E L L A R A P
I O Y E L A O C O C J F H S C
A P M G Z S O S U G I J Y S Y
M P M M O H G S U R I R E A O
E E E E J X T Q T C V C K M Y
T R T N F G E Z F M T E A E G
E V R T A D C M K C C K D W L
R L I V E R T I C A A L I A P
M A E M E D I A A N J C M Z X
W K E O H E I R D W I B E Y R
T H E O R I E D Z S X Y N A Y
E A B E R E K E N I N G S H K
V E R G E L I J K I N G I O H
P R O P O R T I E E Y R E E G
H O R I Z O N T A A L E M K L
```

HOOGTE   MASSA
HOEK   MEDIAAN
BEREKENING   PARALLEL
CIRKEL   PROPORTIE
CURVE   SEGMENT
DIAMETER   SYMMETRIE
DIMENSIE   OPPERVLAK
VERGELIJKING   THEORIE
HORIZONTAAL   DRIEHOEK
LOGICA   VERTICAAL

89 - Pássaros

```
I  K  N  A  A  K  I  L  E  P  H  M  S  A  H
S  A  I  U  I  F  A  E  G  U  N  P  A  U  W
E  P  R  I  I  Z  A  G  K  R  A  A  I  O  M
I  L  E  X  T  M  G  O  O  A  A  X  K  P  K
Y  G  G  S  I  X  E  V  G  A  W  J  D  M  Z
D  U  I  F  F  I  P  S  N  L  Z  Y  U  X  A
S  V  E  X  H  M  A  I  I  E  M  I  F  N  P
Q  V  R  C  C  Q  P  U  M  D  S  A  O  E  L
B  S  G  V  A  T  N  R  A  A  V  E  I  O  O
N  H  P  Q  Q  Q  O  T  L  Y  D  T  A  J  A
A  Q  W  W  V  F  D  S  F  X  S  G  H  K  Y
K  O  E  K  O  E  K  N  Ï  U  G  N  I  P  K
E  K  T  E  H  M  G  M  E  E  U  W  A  A  I
O  G  W  B  E  Z  L  D  B  E  R  A  D  G  P
T  I  D  Z  D  K  L  K  Y  O  N  J  E  N  L
```

STRUISVOGEL	REIGER
ADELAAR	EI
OOIEVAAR	PAPEGAAI
ZWAAN	MUS
KRAAI	EEND
KOEKOEK	PAUW
FLAMINGO	PELIKAAN
KIP	PINGUÏN
MEEUW	DUIF
GANS	TOEKAN

90 - Literatura

```
X  I  A  M  E  H  T  D  R  B  R  L  F  M  A
Z  U  U  V  E  U  V  I  I  I  I  P  I  E  H
V  X  T  A  T  C  H  A  T  D  J  H  C  N  Q
V  Q  E  R  R  H  U  L  M  S  M  A  T  I  R
E  A  U  T  O  Q  R  O  E  G  T  J  I  N  N
R  N  R  M  O  M  X  O  J  D  Z  I  E  G  E
G  A  E  C  F  D  A  G  X  U  V  T  J  T  I
E  L  L  O  A  W  K  N  X  X  U  Q  K  L  F
L  Y  L  N  T  B  W  E  I  G  O  L  A  N  A
I  S  E  C  E  V  G  O  N  L  H  I  H  V  R
J  E  T  L  M  P  F  R  V  A  F  T  R  U  G
K  C  R  U  S  R  B  I  I  P  M  B  R  E  O
I  A  E  S  D  Q  G  E  D  I  C  H  T  A  I
N  T  V  I  T  R  A  G  E  D  I  E  D  L  B
G  B  V  E  U  O  H  L  C  O  L  Z  F  Y  K
```

ANALOGIE	METAFOOR
ANALYSE	VERTELLER
ANEKDOTE	MENING
AUTEUR	GEDICHT
BIOGRAFIE	RIJM
VERGELIJKING	RITME
CONCLUSIE	ROMAN
DIALOOG	THEMA
STIJL	TRAGEDIE
FICTIE	

91 - Química

```
T N O R T K E L E K G N C E Q
E U W T A Z T H P O G V W L S
M C I B G B M H U O I A V E K
P L I I Y G R C W L U A S M A
E E P P X Z A S O S A L G E T
R A Y F W O W I E T N K E N A
A I J F O U C N N O C A W T L
T R M O M T N A Z F H L I E Y
U P B T W M S G Y U L I C N S
U P H S N Y A R M W O S H O A
R F P I O B B O U Z O C T D T
W A T E R S T O F U R H H E O
C W U O X F P K Q U Z V P R R
M I M L I O N F W R N F E M M
P B M V M O L E C U U L V Q E
```

ALKALISCH
ZUUR
WARMTE
KOOLSTOF
KATALYSATOR
CHLOOR
ELEMENTEN
ELEKTRON
ENZYM
GAS

WATERSTOF
ION
VLOEISTOF
MOLECUUL
NUCLEAIR
ORGANISCH
ZUURSTOF
GEWICHT
ZOUT
TEMPERATUUR

92 - Clima

```
P W Y P Y K D G W O L K Y T U
O K L K W Z R Y O R K A A N D
L E M E H H O K R O N W A O L
A E X O K R O X L J R R U S Z
I N W F H U G I T I F D P S A
R R I Y U U T G R P M P K E T
A G N I Q T E M O C M A Q O M
R O D Z M A Q M P S G S A M O
D O N D E R Q B I J T O O T S
P B I W S E Q R S I R O E B F
M N U C K P V I C T B O R V E
O E P X I M X E H D M O U M E
C G W D L E T S I M S F E D R
K E R U B T O R N A D O K N H
G R P Y J O U S A T Z X V F G
```

REGENBOOG   POLAIR
ATMOSFEER   BLIKSEM
BRIES   DROOGTE
HEMEL   DROOG
KLIMAAT   TEMPERATUUR
ORKAAN   STORM
IJS   TORNADO
MOESSON   TROPISCH
MIST   DONDER
WOLK   WIND

93 - Arte

```
K  D  B  T  N  Q  B  H  Y  C  W  X  C  S  D
P  F  D  E  U  X  B  K  Z  R  Y  X  K  U  N
L  O  J  S  E  I  P  T  C  E  O  D  J  R  Z
H  B  R  M  J  L  D  I  R  Ë  J  T  I  R  I
E  F  C  T  X  X  D  J  F  R  P  O  L  E  H
I  M  X  F  R  K  Z  H  M  E  Z  Z  N  A  T
K  J  I  L  R  E  E  N  O  N  F  C  O  L  P
F  I  G  U  U  R  T  R  B  U  E  A  O  I  O
C  O  M  P  L  E  X  T  A  R  W  K  S  S  Ë
X  B  P  Y  T  R  F  F  E  M  V  W  R  M  Z
E  E  N  V  O  U  D  I  G  R  I  F  E  E  I
P  R  E  W  R  E  D  N  O  W  E  S  P  R  E
G  L  O  O  B  M  Y  S  E  S  M  N  C  U  K
G  N  I  K  K  U  R  D  T  I  U  Q  A  H  U
E  D  B  Y  K  H  O  R  I  G  I  N  E  E  L
```

KERAMISCH	ORIGINEEL
COMPLEX	PERSOONLIJK
CREËREN	POËZIE
BEELDHOUWWERK	PORTRETTEREN
UITDRUKKING	EENVOUDIG
FIGUUR	SYMBOOL
EERLIJK	ONDERWERP
HUMEUR	SURREALISME

94 - Diplomacia

```
V E I L I G H E I D E E X E S
C O N F L I C T V H C I W T Z
J D G E M E E N S C H A P H R
D I R E S O L U T I E K O I E
I P T A M B A S S A D E C E G
S L F R V E R D R A G I S K E
C O K I Y G V K V R F T T L R
U M S A M E N W E R K I N G I
S A B T C P I I X U R L T F N
S T U I O Y O G S E F O G I G
I I R N W M A H J S T P S G A
E E G A E B G T T I O A E U Z
Z K E M R F X T V V Y L L V N
W Q R U Q E R K U D O W P E N
Q I S H Y A D A C A T U R O N
```

BURGERS
GEMEENSCHAP
CONFLICT
ADVISEUR
SAMENWERKING
DIPLOMATIEK
DISCUSSIE
AMBASSADE
ETHIEK

REGERING
HUMANITAIR
TALEN
POLITIEK
RESOLUTIE
VEILIGHEID
OPLOSSING
VERDRAG

95 - Comida # 2

```
B A N A A N Y P H K S Y R E K
I Y O E H L E O T S E D D A P
P M E N Y I F P G S F F B J C
A C Y N D D K U H H I R B O H
H A Z Z S T A D B A U R T P O
T A A M O T A P F U R R B Y C
A A Q U C K S J O B D J T W O
R Y R M M F G N X E W I Y G L
T U N W L A K K E R C R T O A
I O U C E Q L D A G K E R S D
S N T L P A T O K I H A M I E
J Q S M P I K S K N Y C N V R
O E B K A U D Q J E B J C W M
K U B R O C C O L I W I K T E
A M A N D E L G E Z R X Z Y P
```

ARTISJOK	YOGHURT
AMANDEL	KIWI
RIJST	APPEL
BANAAN	EI
AUBERGINE	VIS
BROCCOLI	HAM
KERS	KAAS
CHOCOLADE	TOMAAT
PADDESTOEL	TARWE
KIP	DRUIF

96 - Universo

```
Z M L E N G T E G R A A D B T
H O K A N T E L E N A A M A Z
A O N F B M X R M P T Z K A O
L N O N H Q D I S O I Z O N N
F O Z P E I M O N O R T S A N
R R I C V W D B U C O M A D E
O T R A A N E V E S K I T U Z
N S O U D I Y N Z E T T M I I
D A H L R H N T D L Z B O S C
A S T E R O Ï D E E D T S T H
T V J M X N E G Q T C D F E T
B R E E D T E G R A A D E R B
T X G H C S I M S O K N E N A
D I E R E N R I E M U G R I A
L I I R P I G I B C V O B S R
```

ASTEROÏDE
ASTRONOMIE
ASTRONOOM
ATMOSFEER
HEMEL
KOSMISCH
EVENAAR
HALFROND
HORIZON
KANTELEN

BREEDTEGRAAD
LENGTEGRAAD
MAAN
BAAN
ZONNE
ZONNEWENDE
TELESCOOP
DUISTERNIS
ZICHTBAAR
DIERENRIEM

97 - Jazz

```
E  B  W  E  W  B  C  B  Y  A  C  U  A  U  B
N  A  D  R  U  K  W  J  T  S  O  J  X  I  E
C  U  T  C  E  R  X  K  S  S  M  U  R  D  R
C  U  P  B  I  I  F  F  E  O  P  N  D  F  O
G  O  S  G  N  T  A  A  I  I  O  S  N  A  E
U  P  N  B  U  M  L  V  T  S  N  F  J  Q  M
C  W  B  C  F  E  B  O  R  V  I  H  M  K  D
V  Q  T  V  E  D  U  R  A  A  S  Y  C  Q  K
O  U  D  J  H  R  M  I  D  Y  T  B  V  E  I
M  U  Z  I  E  K  T  E  K  V  N  L  J  T  T
K  J  L  A  R  S  K  T  I  U  E  J  I  S  K
U  N  F  K  N  E  S  E  N  S  L  I  D  E  N
Z  Q  J  R  E  V  Y  N  C  M  A  T  Y  K  D
D  Y  G  V  G  O  N  C  H  S  T  S  X  R  S
S  A  M  E  N  S  T  E  L  L  I  N  G  O  Y
```

ARTIEST	FAVORIETEN
ALBUM	GENRE
DRUMS	MUZIEK
LIED	NIEUW
SAMENSTELLING	ORKEST
COMPONIST	RITME
CONCERT	TALENT
STIJL	TECHNIEK
NADRUK	OUD
BEROEMD	

98 - Barcos

```
D R K A J A K N A U T I S C H
O I M O T O R A V W U O T D C
K V X N B J W A C T U X L J J
C I A A D A O E H R I L F V V
S E S K K W O C G X E A S S C
N R H A A F W O J T L F H P V
I Y Z X N E V L O G P G S S O
Y N Z D K Q M B O E I N J H J
M W W E E J A D X I S O L I L
P E S E R A S V E E R B O O T
P C E K C C T Z E E L W U Q Y
B A A R N H M A T R O O S D C
I P W N G T F T U I O V W P M
O X K A B S R L H P L W J Z P
B E M A N N I N G E H S L D D
```

ANKER	ZEE
VEERBOOT	TIJ
BOEI	MATROOS
KAJAK	MAST
KANO	MOTOR
TOUW	NAUTISCH
DOK	OCEAAN
JACHT	GOLVEN
VLOT	RIVIER
MEER	BEMANNING

99 - Mamíferos

```
A D R B L V U V K K Z S O G C
A O Y F E F X X V A R B E Z O
P L T V E H O N D H M Z L G Y
A F L U U X Y P O W P E B G O
A I O I W E G I T A E O E V T
H J P S R E V E B L I R S L E
C N A B Y O T B I V G E T P V
S Q T X V L G D J I U O I K F
O L I F A N T Z G S S G E I T
V Y O A L P A A R D K N R O F
W Q W R L O R F E U L A D J U
P I B I D W W A X L P K H X D
K A T G U S H M J V W Z X D N
K O N I J N A P P F J P T C W
A I K N U G V O M C D K A K X
```

WALVIS	GIRAF
KAMEEL	DOLFIJN
KANGOEROE	GORILLA
BEVER	LEEUW
PAARD	WOLF
HOND	AAP
KONIJN	SCHAAP
COYOTE	VOS
OLIFANT	STIER
KAT	ZEBRA

100 - Atividades e Lazer

```
X V N M D Q W O S O R X J K T
K O N E N N A P S T N O O U U
A L W X K L N E S K O B W N I
M L H B V F D T V O W X B S N
P E R J I R E D L I H C S T I
E Y K E B P L Z W E M M E N E
R B R L V P E T T N L Q O L R
E A D A O Y N M K E A B R I E
N L K B C G N C Q F B I J F N
G F E K L E O J C R T E V H N
T E N N I S N L V U E H H O D
N F I O L C F X F S O I H B X
F X K H D U I K E N V R S B J
H E N G E L S P O R T E Q Y V
B A S K E T B A L K P S R U K
```

KAMPEREN   TUINIEREN
KUNST   DUIKEN
BASKETBAL   ZWEMMEN
HONKBAL   HENGELSPORT
BOKSEN   SCHILDERIJ
WANDELEN   ONTSPANNEN
RACEN   SURFEN
VOETBAL   TENNIS
GOLF   REIS
HOBBY   VOLLEYBAL

1 - Dirigindo

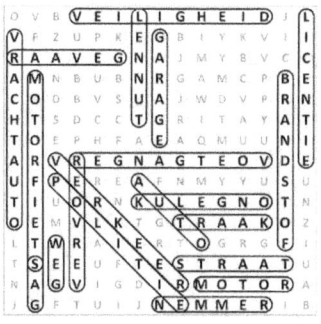

2 - Antiguidades

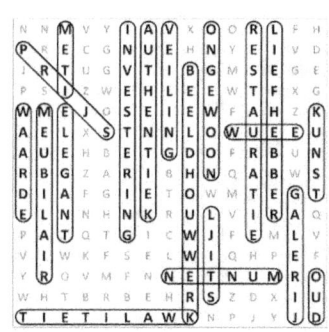

3 - Churrascos

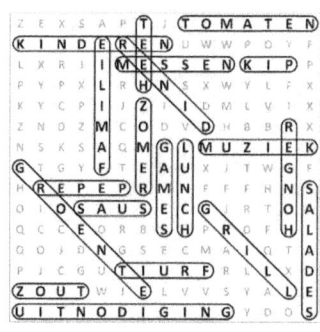

4 - Pesca

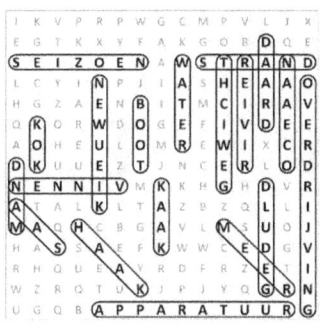

5 - Geologia

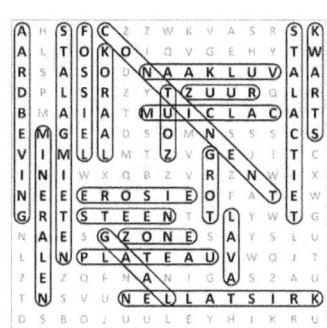

6 - Tempo

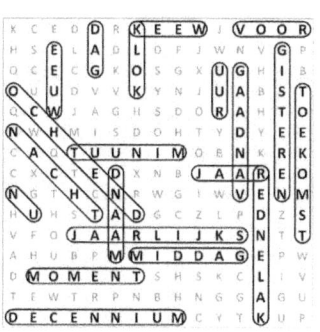

7 - Astronomia

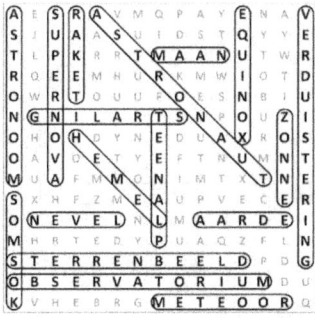

8 - Acampamento

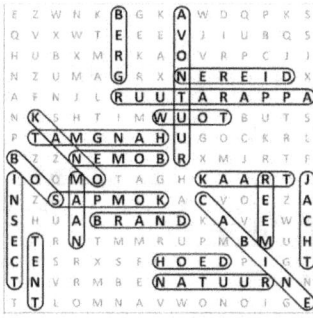

9 - Ficção Científica

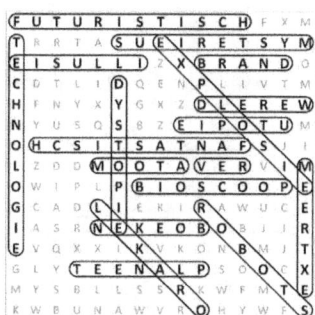

10 - Mitologia

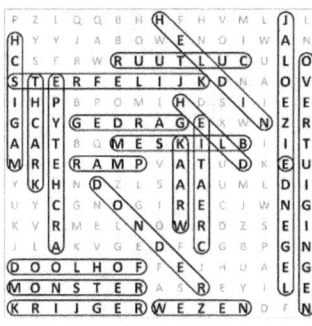

11 - Medições

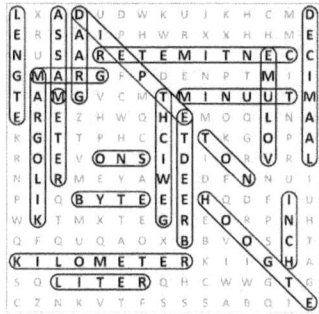

12 - Álgebra

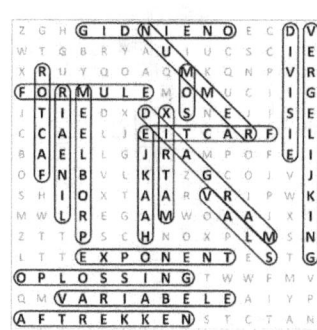

13 - Plantas

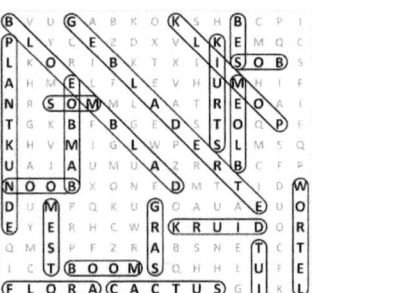

14 - Veículos

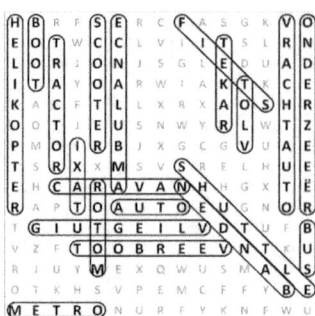

15 - Engenharia

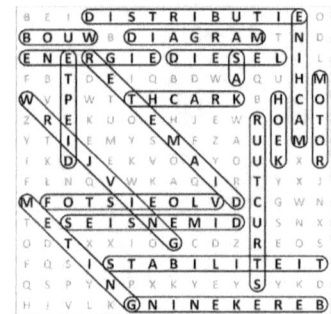

16 - Restaurante # 2

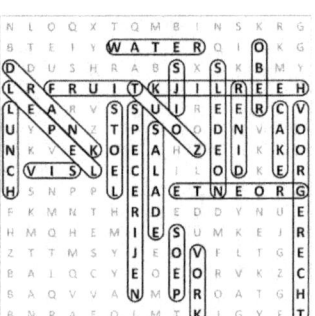

17 - Países #2

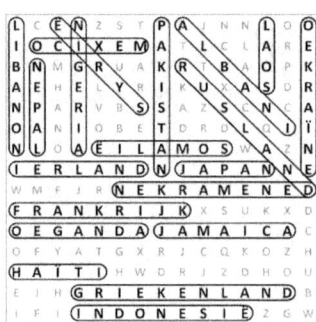

18 - Cozinha

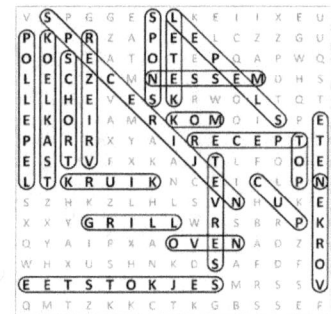

19 - Material de Arte

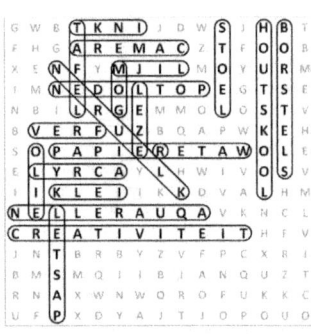

20 - Números

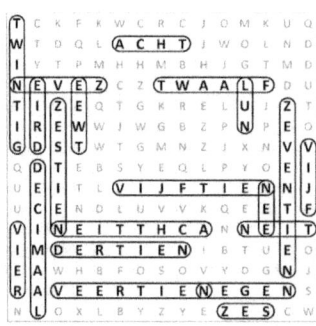

21 - Física

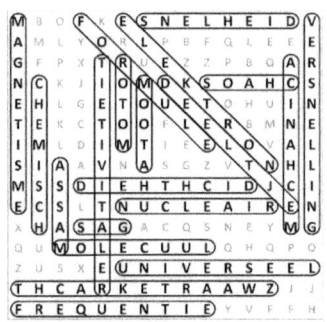

22 - Especiarias

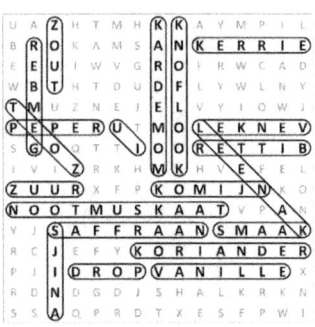

23 - Países #1

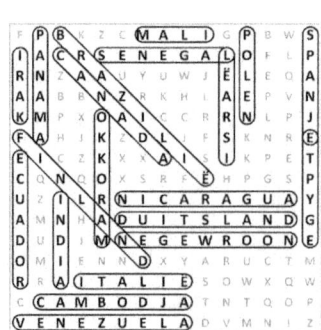

24 - A Mídia

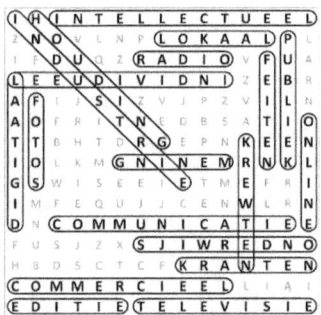

25 - Casa

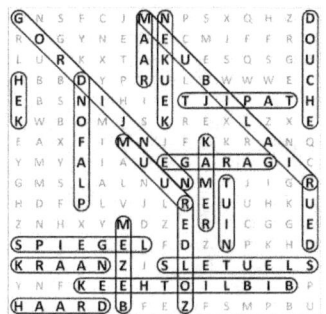

26 - Vegetais

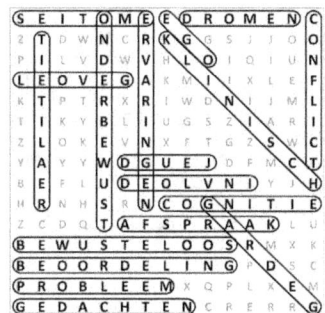

27 - Balé

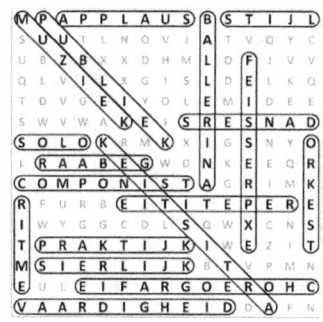

28 - Adjetivos #1

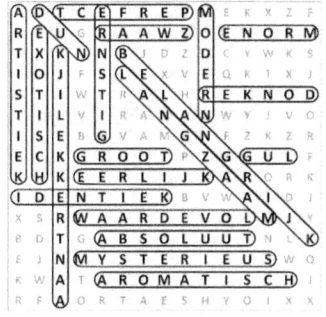

29 - Psicologia

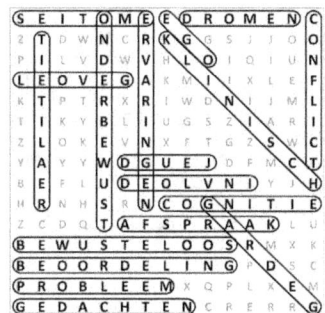

30 - Paisagens

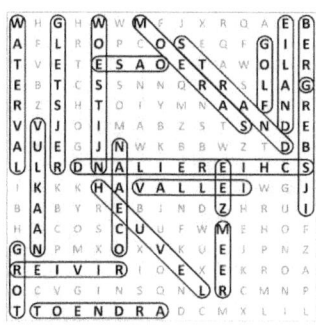

31 - Dança

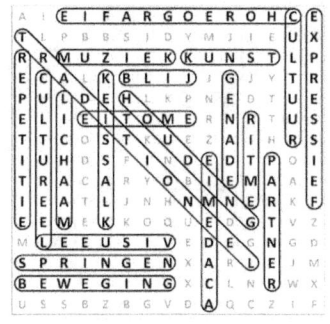

32 - Nutrição

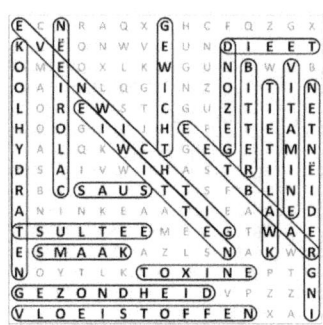

33 - Energia

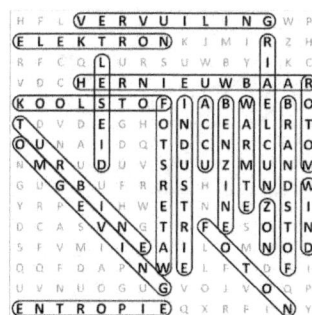

34 - Disciplinas Científicas

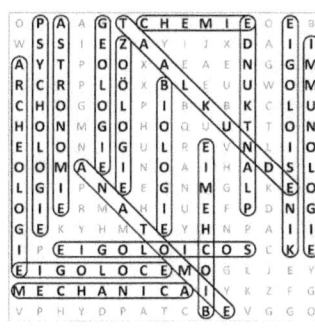

35 - Meditação

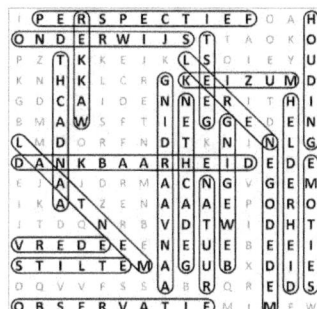

36 - Artes Visuais

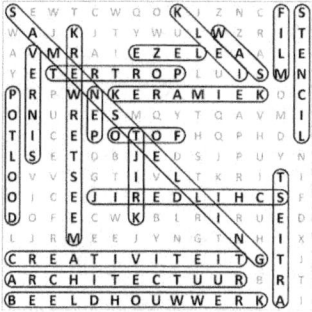

37 - Moda

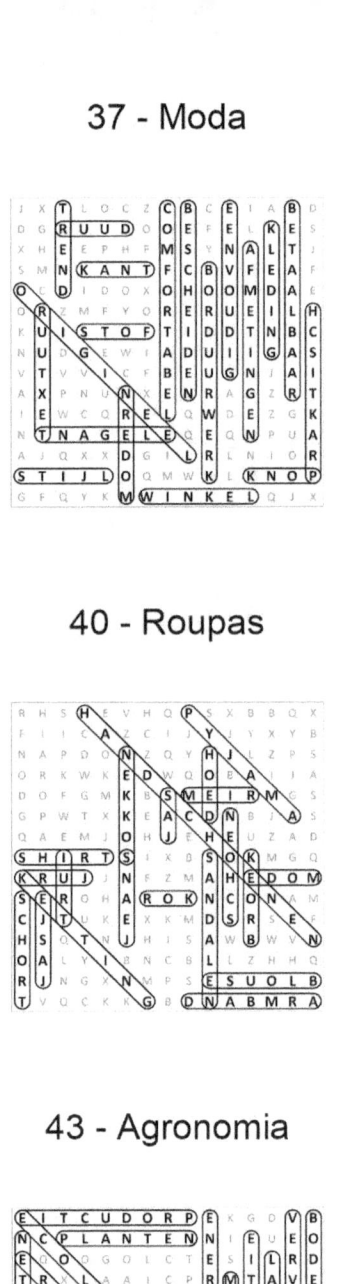

38 - Instrumentos Musicais

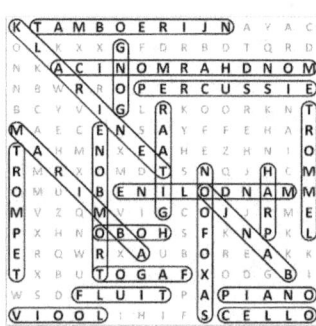

39 - Adjetivos #2

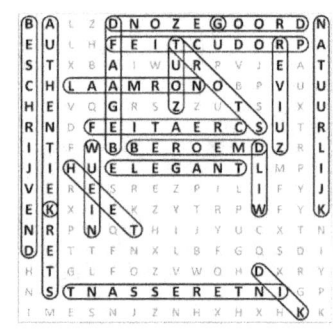

40 - Roupas

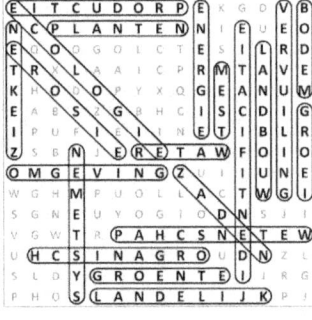

41 - Herbalismo

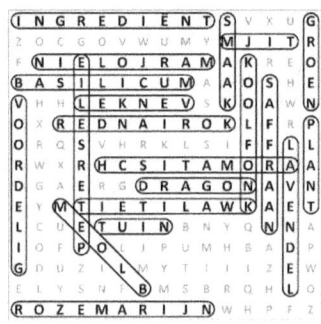

42 - Arqueologia

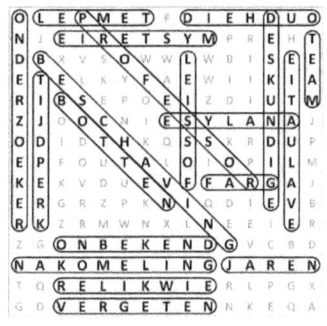

43 - Agronomia

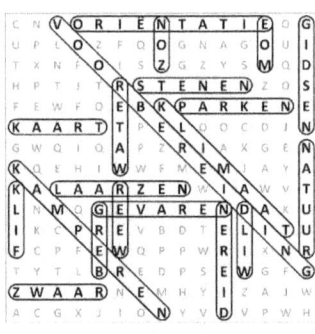

44 - Frutas

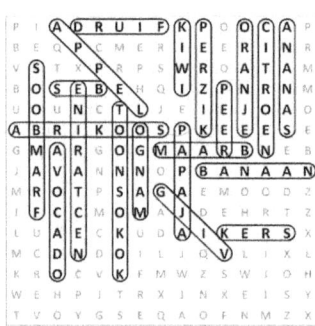

45 - Corpo Humano

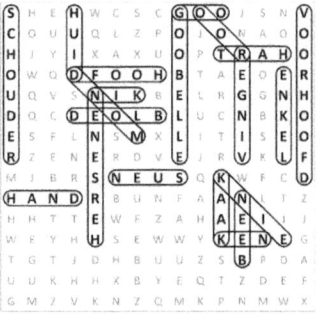

46 - Caminhada

47 - Biologia

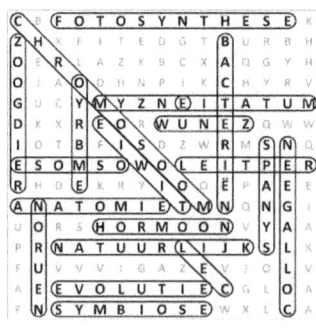

48 - Beleza

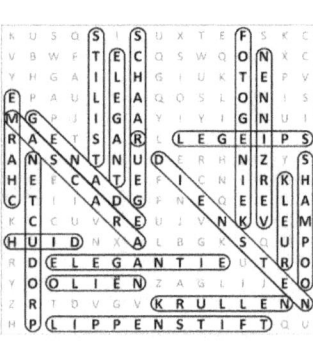

49 - Ecologia

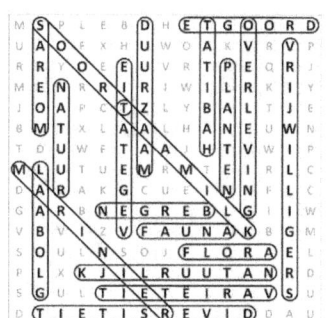

50 - Família

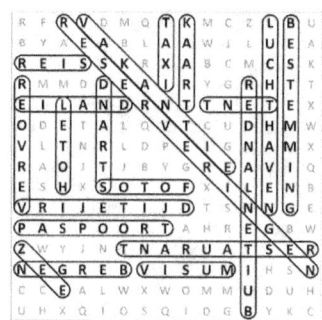

51 - Férias #2

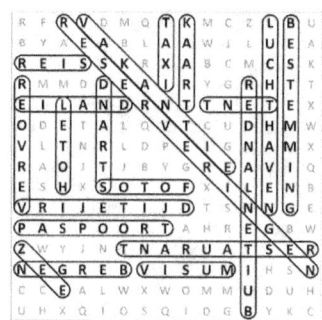

52 - Edifícios

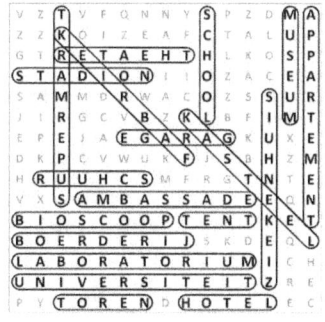

53 - Xadrez

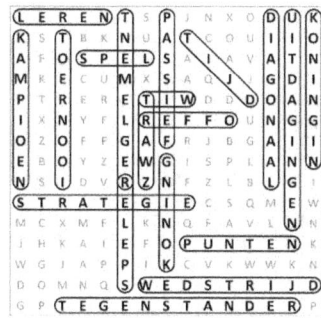

54 - Aventura

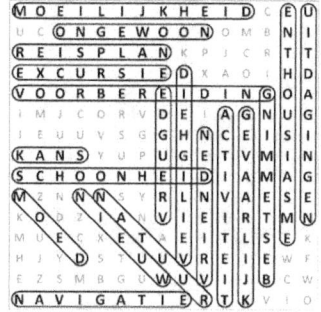

55 - Floresta Tropical

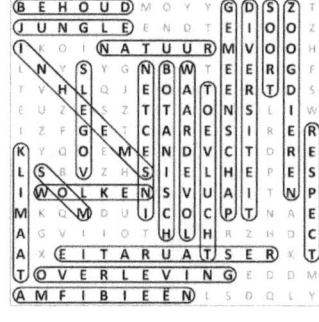

56 - Cidade

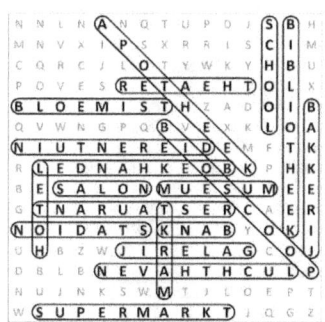

57 - Música

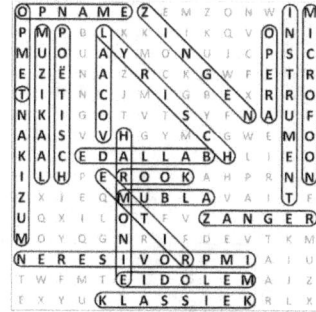

58 - Matemática

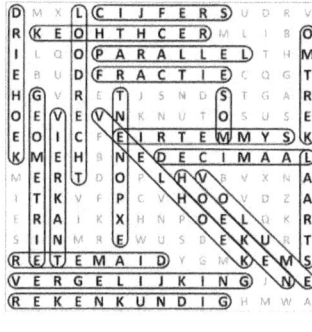

59 - Saúde e Bem Estar #1

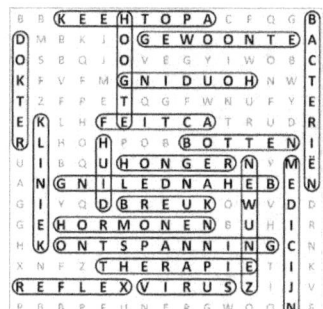

60 - Imigração

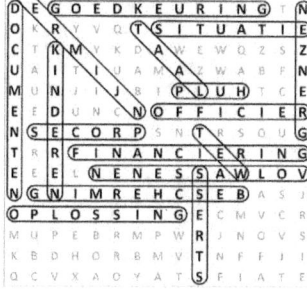

61 - Natureza

62 - Doença

63 - Aquecimento Global

64 - Aviões

65 - Tipos de Cabelo

66 - Criatividade

67 - Dias e Meses

68 - Saúde e Bem Estar #2

69 - Geografia

70 - Antártica

71 - Flores

72 - Fazenda #1

73 - Livros

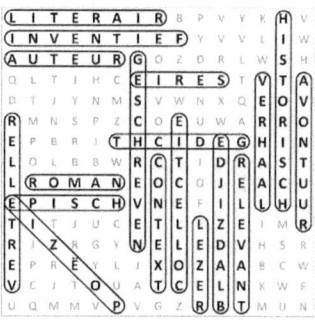

74 - Chocolate

75 - Governo

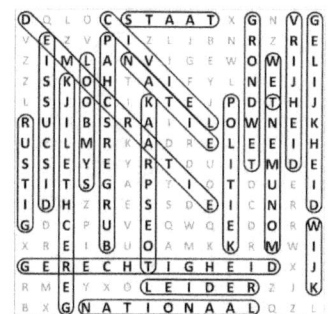

76 - Jardinagem

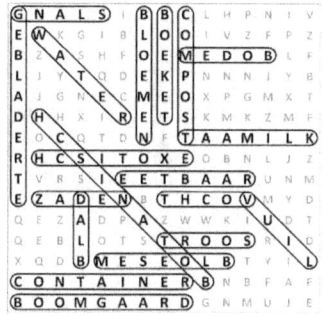

77 - Profissões #2

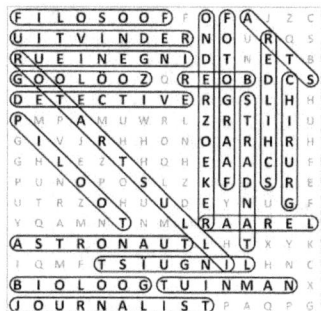

78 - Café

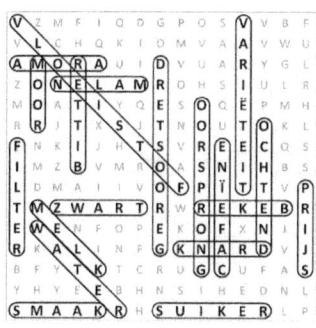

79 - Negócios

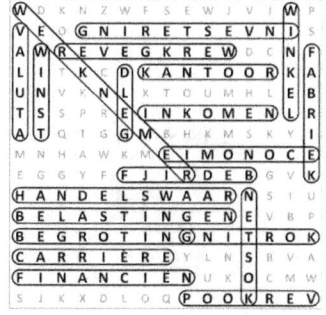

80 - Fazenda #2

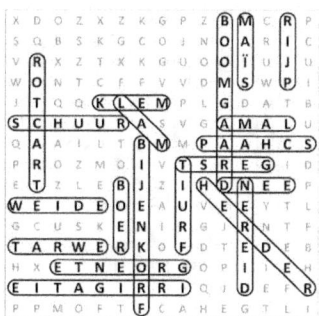

81 - Jardim

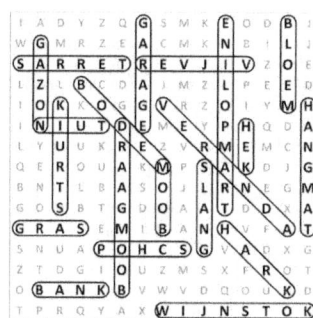

82 - Oceano

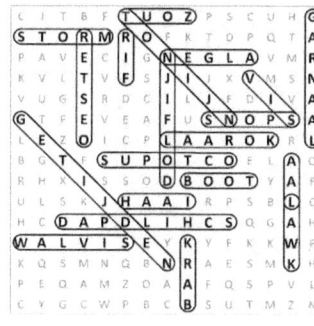

83 - Profissões #1

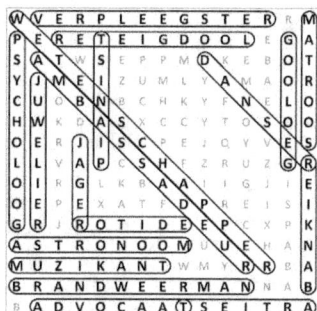

84 - Força e Gravidade

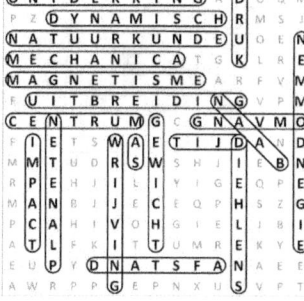

85 - Abelhas

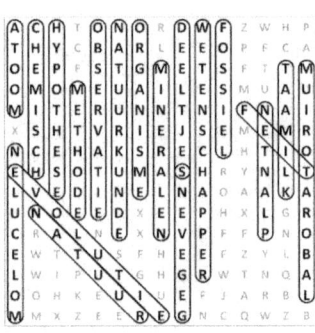

86 - Ciência

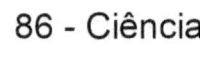

87 - Comida #1

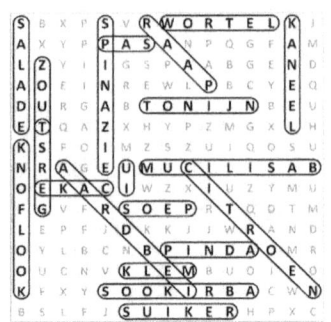

88 - Geometria

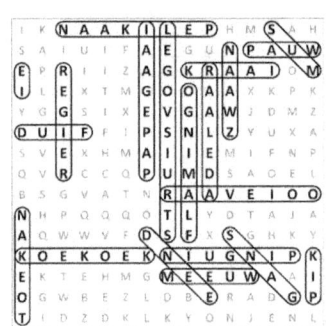

89 - Pássaros

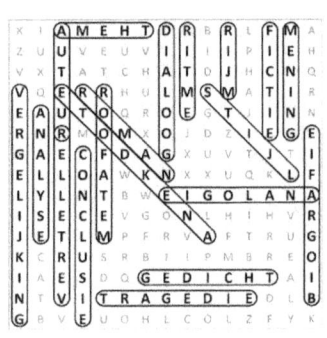

90 - Literatura

91 - Química

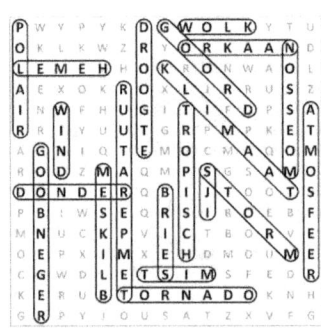

92 - Clima

93 - Arte

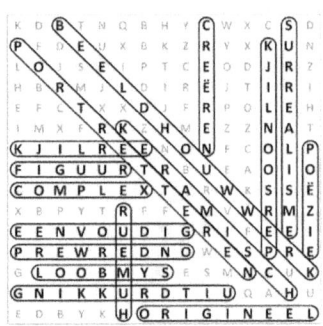

94 - Diplomacia

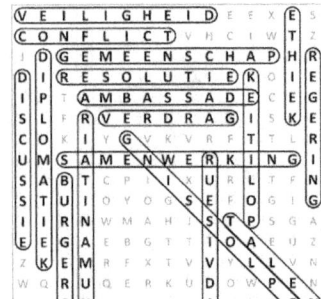

95 - Comida # 2

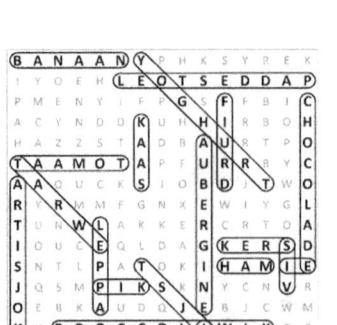

96 - Universo

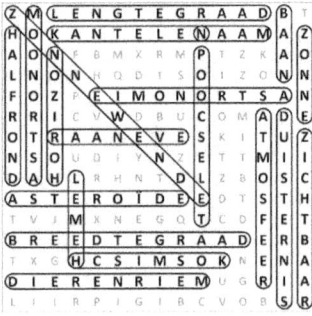

97 - Jazz

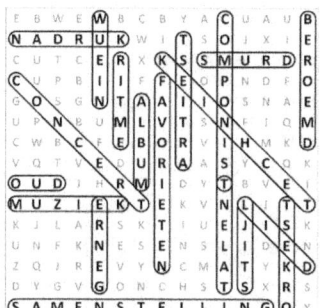

98 - Barcos

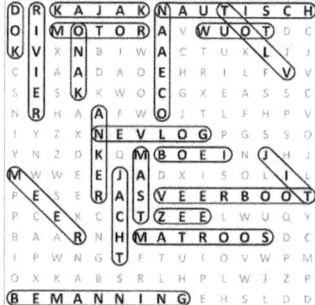

99 - Mamíferos

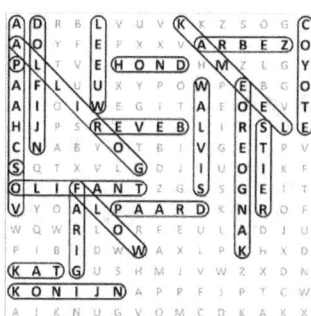

100 - Atividades e Lazer

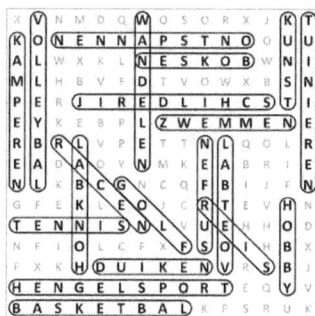

Dicionário

A Mídia
De Media

Atitudes	Houding
Comercial	Commercieel
Comunicação	Communicatie
Digital	Digitaal
Edição	Editie
Educação	Onderwijs
Fatos	Feiten
Financiamento	Financiering
Fotos	Foto'S
Individual	Individueel
Indústria	Industrie
Intelectual	Intellectueel
Jornais	Kranten
Local	Lokaal
Online	Online
Opinião	Mening
Público	Publiek
Rádio	Radio
Rede	Netwerk
Televisão	Televisie

Abelhas
Bijen

Asas	Vleugels
Benéfico	Voordelig
Cera	Was
Colmeia	Bijenkorf
Diversidade	Diversiteit
Ecossistema	Ecosysteem
Enxame	Zwerm
Flor	Bloesem
Flores	Bloemen
Fruta	Fruit
Fumaça	Rook
Habitat	Habitat
Inseto	Insect
Jardim	Tuin
Mel	Honing
Plantas	Planten
Pólen	Stuifmeel
Rainha	Koningin
Sol	Zon

Acampamento
Camping

Animais	Dieren
Aventura	Avontuur
Árvores	Bomen
Bússola	Kompas
Cabine	Cabine
Caça	Jacht
Canoa	Kano
Chapéu	Hoed
Corda	Touw
Equipamento	Apparatuur
Floresta	Bos
Fogo	Brand
Inseto	Insect
Lago	Meer
Lua	Maan
Maca	Hangmat
Mapa	Kaart
Montanha	Berg
Natureza	Natuur
Tenda	Tent

Adjetivos #1
Bijvoeglijke Naamwoorden

Absoluto	Absoluut
Aromático	Aromatisch
Artístico	Artistiek
Atraente	Aantrekkelijk
Enorme	Enorm
Escuro	Donker
Exótico	Exotisch
Fino	Dun
Generoso	Gul
Grande	Groot
Honesto	Eerlijk
Idêntico	Identiek
Importante	Belangrijk
Lento	Langzaam
Misterioso	Mysterieus
Moderno	Modern
Perfeito	Perfect
Pesado	Zwaar
Sério	Ernstig
Valioso	Waardevol

Adjetivos #2
Bijvoeglijke Naamwoorden

Autêntico	Authentiek
Criativo	Creatief
Descritivo	Beschrijvend
Dotado	Begaafd
Elegante	Elegant
Famoso	Beroemd
Forte	Sterk
Grosso	Dik
Interessante	Interessant
Natural	Natuurlijk
Normal	Normaal
Novo	Nieuw
Orgulhoso	Trots
Produtivo	Productief
Puro	Zuiver
Quente	Heet
Salgado	Zout
Saudável	Gezond
Seco	Droog
Selvagem	Wild

Agronomia
Agronomie

Agricultura	Landbouw
Ambiente	Omgeving
Água	Water
Ciência	Wetenschap
Crescimento	Groei
Doenças	Ziekten
Ecologia	Ecologie
Energia	Energie
Erosão	Erosie
Fertilizante	Mest
Identificação	Identificatie
Legumes	Groente
Orgânico	Organisch
Plantas	Planten
Poluição	Vervuiling
Produção	Productie
Rural	Landelijk
Sementes	Zaden
Sistemas	Systemen
Solo	Bodem

Antártica
Antarctica

Ambiente	Omgeving
Água	Water
Baía	Baai
Baleias	Walvissen
Conservação	Behoud
Continente	Continent
Enseada	Inham
Expedição	Expeditie
Geleiras	Gletsjers
Gelo	Ijs
Geografia	Geografie
Ilhas	Eilanden
Investigador	Onderzoeker
Migração	Migratie
Minerais	Mineralen
Península	Schiereiland
Pinguins	Pinguïn
Rochoso	Rotsachtig
Temperatura	Temperatuur
Topografia	Topografie

Antiguidades
Antiek

Arte	Kunst
Autêntico	Authentiek
Decorativo	Decoratief
Elegante	Elegant
Entusiasta	Liefhebber
Escultura	Beeldhouwwerk
Estilo	Stijl
Galeria	Galerij
Incomum	Ongewoon
Investimento	Investering
Item	Item
Leilão	Veiling
Mobiliário	Meubilair
Moedas	Munten
Preço	Prijs
Qualidade	Kwaliteit
Restauração	Restauratie
Século	Eeuw
Valor	Waarde
Velho	Oud

Aquecimento Global
Opwarming van de Aarde

Agora	Nu
Ambiental	Milieu
Atenção	Aandacht
Ártico	Arctisch
Cientista	Wetenschapper
Clima	Klimaat
Consequências	Gevolgen
Crise	Crisis
Dados	Gegevens
Desenvolvimento	Ontwikkeling
Energia	Energie
Futuro	Toekomst
Gás	Gas
Gerações	Generaties
Governo	Regering
Humanos	Mensen
Indústria	Industrie
Legislação	Wetgeving
Populações	Populaties
Temperaturas	Temperaturen

Arqueologia
Archeologie

Análise	Analyse
Anos	Jaren
Antiguidade	Oudheid
Avaliação	Evaluatie
Civilização	Beschaving
Descendente	Nakomeling
Desconhecido	Onbekend
Equipe	Team
Era	Tijdperk
Especialista	Deskundige
Esquecido	Vergeten
Fóssil	Fossiel
Investigador	Onderzoeker
Mistério	Mysterie
Objetos	Objecten
Ossos	Botten
Professor	Professor
Relíquia	Relikwie
Templo	Tempel
Túmulo	Graf

Arte
Kunst

Cerâmica	Keramisch
Complexo	Complex
Composição	Samenstelling
Criar	Creëren
Escultura	Beeldhouwwerk
Expressão	Uitdrukking
Figura	Figuur
Honesto	Eerlijk
Humor	Humeur
Inspirado	Geïnspireerd
Original	Origineel
Pessoal	Persoonlijk
Pinturas	Schilderijen
Poesia	Poëzie
Retratar	Portretteren
Simples	Eenvoudig
Símbolo	Symbool
Sujeito	Onderwerp
Surrealismo	Surrealisme
Visual	Visueel

Artes Visuais
Beeldende Kunsten

Argila	Klei
Arquitetura	Architectuur
Artista	Artiest
Caneta	Pen
Cavalete	Ezel
Cera	Was
Cerâmica	Keramiek
Composição	Samenstelling
Criatividade	Creativiteit
Escultura	Beeldhouwwerk
Estêncil	Stencil
Filme	Film
Fotografia	Foto
Giz	Krijt
Lápis	Potlood
Obra-Prima	Meesterwerk
Perspectiva	Perspectief
Pintura	Schilderij
Retrato	Portret
Verniz	Vernis

Astronomia
Astronomie

Asteróide	Asteroïde
Astronauta	Astronaut
Astrônomo	Astronoom
Céu	Hemel
Constelação	Sterrenbeeld
Cosmos	Kosmos
Eclipse	Verduistering
Equinócio	Equinox
Foguete	Raket
Gravidade	Zwaartekracht
Lua	Maan
Meteoro	Meteoor
Nebulosa	Nevel
Observatório	Observatorium
Planeta	Planeet
Radiação	Straling
Solar	Zonne
Supernova	Supernova
Terra	Aarde
Universo	Universum

Atividades e Lazer
Activiteiten en Vrije Ti

Acampamento	Kamperen
Arte	Kunst
Basquete	Basketbal
Beisebol	Honkbal
Boxe	Boksen
Caminhada	Wandelen
Corrida	Racen
Futebol	Voetbal
Golfe	Golf
Hobbies	Hobby
Jardinagem	Tuinieren
Mergulho	Duiken
Natação	Zwemmen
Pesca	Hengelsport
Pintura	Schilderij
Relaxante	Ontspannen
Surfe	Surfen
Tênis	Tennis
Viagem	Reis
Voleibol	Volleybal

Aventura
Avontuur

Alegria	Vreugde
Amigos	Vrienden
Atividade	Activiteit
Beleza	Schoonheid
Bravura	Moed
Chance	Kans
Desafios	Uitdagingen
Destino	Bestemming
Dificuldade	Moeilijkheid
Entusiasmo	Enthousiasme
Excursão	Excursie
Incomum	Ongewoon
Itinerário	Reisplan
Natureza	Natuur
Navegação	Navigatie
Novo	Nieuw
Perigoso	Gevaarlijk
Preparação	Voorbereiding
Segurança	Veiligheid
Surpreendente	Verrassend

Aviões
Vliegtuigen

Altura	Hoogte
Ar	Lucht
Aterrissagem	Landen
Atmosfera	Atmosfeer
Aventura	Avontuur
Balão	Ballon
Céu	Hemel
Combustível	Brandstof
Construção	Bouw
Descida	Afdaling
Direção	Richting
Hidrogênio	Waterstof
História	Geschiedenis
Inflar	Opblazen
Motor	Motor
Navegar	Navigeren
Passageiro	Passagier
Piloto	Piloot
Tripulação	Bemanning
Turbulência	Turbulentie

Álgebra
Algebra

Diagrama	Diagram
Divisão	Divisie
Equação	Vergelijking
Expoente	Exponent
Falso	Vals
Fator	Factor
Fórmula	Formule
Fração	Fractie
Infinito	Oneindig
Linear	Lineair
Matriz	Matrix
Número	Nummer
Parêntese	Haakje
Problema	Probleem
Quantidade	Hoeveelheid
Solução	Oplossing
Soma	Som
Subtração	Aftrekken
Variável	Variabele
Zero	Nul

Balé
Ballet

Aplauso	Applaus
Artístico	Artistiek
Bailarina	Ballerina
Compositor	Componist
Coreografia	Choreografie
Dançarinos	Dansers
Ensaio	Repetitie
Estilo	Stijl
Expressivo	Expressief
Gesto	Gebaar
Gracioso	Sierlijk
Habilidade	Vaardigheid
Intensidade	Intensiteit
Música	Muziek
Orquestra	Orkest
Prática	Praktijk
Público	Publiek
Ritmo	Ritme
Solo	Solo
Técnica	Techniek

Barcos
Boten

Âncora	Anker
Balsa	Veerboot
Bóia	Boei
Caiaque	Kajak
Canoa	Kano
Corda	Touw
Doca	Dok
Iate	Jacht
Jangada	Vlot
Lago	Meer
Mar	Zee
Maré	Tij
Marinheiro	Matroos
Mastro	Mast
Motor	Motor
Náutico	Nautisch
Oceano	Oceaan
Ondas	Golven
Rio	Rivier
Tripulação	Bemanning

Beleza
Schoonheid

Batom	Lippenstift
Cachos	Krullen
Charme	Charme
Cor	Kleur
Cosméticos	Cosmetica
Elegante	Elegant
Elegância	Elegantie
Espelho	Spiegel
Estilista	Stilist
Fotogênico	Fotogeniek
Fragrância	Geur
Graça	Genade
Maquiagem	Verzinnen
Óleos	Oliën
Pele	Huid
Produtos	Producten
Rímel	Mascara
Serviços	Diensten
Tesoura	Schaar
Xampu	Shampoo

Biologia
Biologie

Anatomia	Anatomie
Bactérias	Bacteriën
Célula	Cel
Colagénio	Collageen
Cromossoma	Chromosoom
Embrião	Embryo
Enzima	Enzym
Evolução	Evolutie
Fotossíntese	Fotosynthese
Hormona	Hormoon
Mamífero	Zoogdier
Mutação	Mutatie
Natural	Natuurlijk
Nervo	Zenuw
Neurônio	Neuron
Osmose	Osmose
Proteína	Eiwit
Réptil	Reptiel
Simbiose	Symbiose
Sinapse	Synaps

Café
Koffie

Açúcar	Suiker
Amargo	Bitter
Aroma	Aroma
Assado	Geroosterd
Água	Water
Bebida	Drank
Cafeína	Cafeïne
Copa	Beker
Creme	Room
Filtro	Filter
Leite	Melk
Líquido	Vloeistof
Manhã	Ochtend
Moer	Malen
Origem	Oorsprong
Preço	Prijs
Preto	Zwart
Sabor	Smaak
Variedade	Variëteit

Caminhada
Wandelen

Acampamento	Kamperen
Animais	Dieren
Água	Water
Botas	Laarzen
Cansado	Moe
Clima	Klimaat
Guias	Gidsen
Mapa	Kaart
Montanha	Berg
Natureza	Natuur
Orientação	Oriëntatie
Parques	Parken
Pedras	Stenen
Penhasco	Klif
Perigos	Gevaren
Pesado	Zwaar
Preparação	Voorbereiding
Selvagem	Wild
Sol	Zon
Tempo	Weer

Casa
Huis

Biblioteca	Bibliotheek
Cerca	Hek
Chaves	Sleutels
Chuveiro	Douche
Cortinas	Gordijnen
Cozinha	Keuken
Espelho	Spiegel
Garagem	Garage
Janela	Raam
Jardim	Tuin
Lareira	Haard
Mobiliário	Meubilair
Parede	Muur
Porta	Deur
Quarto	Kamer
Sótão	Zolder
Tapete	Tapijt
Teto	Plafond
Torneira	Kraan
Vassoura	Bezem

Chocolate
Chocolade

Açúcar	Suiker
Amargo	Bitter
Amendoins	Pinda'S
Antioxidante	Antioxidant
Aroma	Aroma
Artesanal	Artisanaal
Cacau	Cacao
Calorias	Calorieën
Caramelo	Karamel
Coco	Kokosnoot
Comer	Eten
Delicioso	Heerlijk
Doce	Zoet
Exótico	Exotisch
Favorito	Favoriet
Gosto	Smaak
Ingrediente	Ingrediënt
Pó	Poeder
Qualidade	Kwaliteit
Receita	Recept

Churrascos
Barbecues

Almoço	Lunch
Convite	Uitnodiging
Crianças	Kinderen
Facas	Messen
Família	Familie
Fome	Honger
Frango	Kip
Fruta	Fruit
Grelha	Grill
Jantar	Diner
Jogos	Games
Legumes	Groente
Molho	Saus
Música	Muziek
Pimenta	Peper
Quente	Heet
Sal	Zout
Saladas	Salades
Tomates	Tomaten
Verão	Zomer

Cidade
Stad

Aeroporto	Luchthaven
Banco	Bank
Biblioteca	Bibliotheek
Cinema	Bioscoop
Escola	School
Estádio	Stadion
Farmácia	Apotheek
Florista	Bloemist
Galeria	Galerij
Hotel	Hotel
Jardim Zoológico	Dierentuin
Livraria	Boekhandel
Mercado	Markt
Museu	Museum
Padaria	Bakkerij
Restaurante	Restaurant
Salão	Salon
Supermercado	Supermarkt
Teatro	Theater
Universidade	Universiteit

Ciência
Wetenschap

Átomo	Atoom
Cientista	Wetenschapper
Clima	Klimaat
Dados	Gegevens
Evolução	Evolutie
Fato	Feit
Física	Natuurkunde
Fóssil	Fossiel
Gravidade	Zwaartekracht
Hipótese	Hypothese
Laboratório	Laboratorium
Método	Methode
Minerais	Mineralen
Moléculas	Moleculen
Natureza	Natuur
Observação	Observatie
Organismo	Organisme
Partículas	Deeltjes
Plantas	Planten
Químico	Chemisch

Clima
Weersomstandigheden

Arco-Íris	Regenboog
Atmosfera	Atmosfeer
Brisa	Bries
Céu	Hemel
Clima	Klimaat
Furacão	Orkaan
Gelo	Ijs
Monção	Moesson
Nevoeiro	Mist
Nuvem	Wolk
Polar	Polair
Relâmpago	Bliksem
Seca	Droogte
Seco	Droog
Temperatura	Temperatuur
Tempestade	Storm
Tornado	Tornado
Tropical	Tropisch
Trovão	Donder
Vento	Wind

Comida # 2
Eten #2

Alcachofra	Artisjok
Amêndoa	Amandel
Arroz	Rijst
Banana	Banaan
Beringela	Aubergine
Brócolis	Broccoli
Cereja	Kers
Chocolate	Chocolade
Cogumelo	Paddestoel
Frango	Kip
Iogurte	Yoghurt
Kiwi	Kiwi
Maçã	Appel
Ovo	Ei
Peixe	Vis
Presunto	Ham
Queijo	Kaas
Tomate	Tomaat
Trigo	Tarwe
Uva	Druif

Comida #1
Eten #1

Açúcar	Suiker
Alho	Knoflook
Amendoim	Pinda
Atum	Tonijn
Bolo	Cake
Canela	Kaneel
Cebola	Ui
Cenoura	Wortel
Cevada	Gerst
Damasco	Abrikoos
Espinafre	Spinazie
Leite	Melk
Limão	Citroen
Manjericão	Basilicum
Morango	Aardbei
Nabo	Raap
Sal	Zout
Salada	Salade
Sopa	Soep
Suco	Sap

Corpo Humano
Menselijk Lichaam

Boca	Mond
Cabeça	Hoofd
Cérebro	Hersenen
Coração	Hart
Cotovelo	Elleboog
Dedo	Vinger
Joelho	Knie
Mandíbula	Kaak
Mão	Hand
Nariz	Neus
Olho	Oog
Ombro	Schouder
Orelha	Oor
Pele	Huid
Perna	Been
Pescoço	Nek
Queixo	Kin
Sangue	Bloed
Testa	Voorhoofd
Tornozelo	Enkel

Cozinha
Keuken

Avental	Schort
Chaleira	Ketel
Colheres	Lepels
Comer	Eten
Concha	Pollepel
Cups	Cup
Especiarias	Specerijen
Esponja	Spons
Facas	Messen
Forno	Oven
Freezer	Vriezer
Garfos	Vorken
Geladeira	Koelkast
Grelha	Grill
Guardanapo	Servet
Jar	Pot
Jarro	Kruik
Pauzinhos	Eetstokjes
Receita	Recept
Tigela	Kom

Criatividade
Creativiteit

Artístico	Artistiek
Autenticidade	Echtheid
Clareza	Helderheid
Dramático	Dramatisch
Emoções	Emoties
Espontânea	Spontaan
Expressão	Uitdrukking
Fluidez	Vloeibaarheid
Habilidade	Vaardigheid
Imagem	Beeld
Imaginação	Verbeelding
Impressão	Indruk
Inspiração	Inspiratie
Intensidade	Intensiteit
Intuição	Intuïtie
Inventivo	Inventief
Sensação	Gevoel
Sentimentos	Gevoelens
Visões	Visioenen
Vitalidade	Vitaliteit

Dança
Dans

Academia	Academie
Alegre	Blij
Arte	Kunst
Clássico	Klassiek
Coreografia	Choreografie
Corpo	Lichaam
Cultura	Cultuur
Cultural	Cultureel
Emoção	Emotie
Ensaio	Repetitie
Expressivo	Expressief
Graça	Genade
Movimento	Beweging
Música	Muziek
Parceiro	Partner
Postura	Houding
Ritmo	Ritme
Saltar	Springen
Tradicional	Traditioneel
Visual	Visueel

Dias e Meses
Dagen en Maanden

Abril	April
Agosto	Augustus
Ano	Jaar
Calendário	Kalender
Dezembro	December
Domingo	Zondag
Fevereiro	Februari
Janeiro	Januari
Julho	Juli
Junho	Juni
Mês	Maand
Novembro	November
Outubro	Oktober
Quinta-Feira	Donderdag
Sábado	Zaterdag
Segunda-Feira	Maandag
Semana	Week
Setembro	September
Sexta-Feira	Vrijdag
Terça	Dinsdag

Diplomacia
Diplomatie

Cidadãos	Burgers
Comunidade	Gemeenschap
Conflito	Conflict
Consultor	Adviseur
Cooperação	Samenwerking
Diplomático	Diplomatiek
Discussão	Discussie
Embaixada	Ambassade
Embaixador	Ambassadeur
Ética	Ethiek
Governo	Regering
Humanitário	Humanitair
Integridade	Integriteit
Justiça	Gerechtigheid
Línguas	Talen
Política	Politiek
Resolução	Resolutie
Segurança	Veiligheid
Solução	Oplossing
Tratado	Verdrag

Dirigindo
Rijden

Acidente	Ongeluk
Caminhão	Vrachtauto
Carro	Auto
Combustível	Brandstof
Estrada	Weg
Freios	Remmen
Garagem	Garage
Gás	Gas
Licença	Licentie
Mapa	Kaart
Motocicleta	Motorfiets
Motor	Motor
Pedestre	Voetganger
Perigo	Gevaar
Polícia	Politie
Rua	Straat
Segurança	Veiligheid
Transporte	Vervoer
Tráfego	Verkeer
Túnel	Tunnel

Disciplinas Científicas
Wetenschappelijke Discip

Anatomia	Anatomie
Arqueologia	Archeologie
Astronomia	Astronomie
Biologia	Biologie
Bioquímica	Biochemie
Botânica	Plantkunde
Cinesiologia	Kinesiologie
Ecologia	Ecologie
Fisiologia	Fysiologie
Geologia	Geologie
Imunologia	Immunologie
Linguística	Taalkunde
Mecânica	Mechanica
Meteorologia	Meteorologie
Mineralogia	Mineralogie
Neurologia	Neurologie
Psicologia	Psychologie
Química	Chemie
Sociologia	Sociologie
Zoologia	Zoölogie

Doença
Ziekte

Abdominal	Buik
Agudo	Acuut
Alergias	Allergieën
Contagioso	Besmettelijk
Coração	Hart
Corpo	Lichaam
Crônica	Chronisch
Cura	Genezing
Fraco	Zwak
Genético	Genetisch
Hereditário	Erfelijk
Imunidade	Immuniteit
Inflamação	Ontsteking
Lombar	Lenden-
Neuropatia	Neuropathie
Ossos	Botten
Respiratório	Ademhaling
Saúde	Gezondheid
Síndrome	Syndroom
Terapia	Therapie

Ecologia
Ecologie

Clima	Klimaat
Diversidade	Diversiteit
Espécies	Soort
Fauna	Fauna
Flora	Flora
Global	Globaal
Habitat	Habitat
Marinho	Marinier
Montanhas	Bergen
Natural	Natuurlijk
Natureza	Natuur
Pântano	Moeras
Plantas	Planten
Seca	Droogte
Sobrevivência	Overleving
Sustentável	Duurzaam
Variedade	Variëteit
Vegetação	Vegetatie
Voluntários	Vrijwilligers

Edifícios
Gebouwen

Apartamento	Appartement
Castelo	Kasteel
Celeiro	Schuur
Cinema	Bioscoop
Embaixada	Ambassade
Escola	School
Estádio	Stadion
Fazenda	Boerderij
Fábrica	Fabriek
Garagem	Garage
Hospital	Ziekenhuis
Hotel	Hotel
Laboratório	Laboratorium
Museu	Museum
Observatório	Observatorium
Supermercado	Supermarkt
Teatro	Theater
Tenda	Tent
Torre	Toren
Universidade	Universiteit

Energia
Energie

Ambiente	Omgeving
Bateria	Accu
Calor	Warmte
Carbono	Koolstof
Combustível	Brandstof
Diesel	Diesel
Elétrico	Elektrisch
Elétron	Elektron
Entropia	Entropie
Fóton	Foton
Gasolina	Benzine
Hidrogênio	Waterstof
Indústria	Industrie
Motor	Motor
Nuclear	Nucleair
Poluição	Vervuiling
Renovável	Hernieuwbaar
Sol	Zon
Turbina	Turbine
Vento	Wind

Engenharia
Engineering

Atrito	Wrijving
Ângulo	Hoek
Cálculo	Berekening
Construção	Bouw
Diagrama	Diagram
Diâmetro	Diameter
Diesel	Diesel
Dimensões	Dimensies
Distribuição	Distributie
Eixo	As
Energia	Energie
Estabilidade	Stabiliteit
Estrutura	Structuur
Força	Kracht
Líquido	Vloeistof
Máquina	Machine
Medição	Meting
Motor	Motor
Profundidade	Diepte
Propulsão	Voortstuwing

Especiarias
Specerijen

Açafrão	Saffraan
Alcaçuz	Drop
Alho	Knoflook
Amargo	Bitter
Anis	Anijs
Azedo	Zuur
Baunilha	Vanille
Canela	Kaneel
Cardamomo	Kardemom
Caril	Kerrie
Cebola	Ui
Coentro	Koriander
Cominho	Komijn
Doce	Zoet
Funcho	Venkel
Gengibre	Gember
Noz-Moscada	Nootmuskaat
Pimenta	Peper
Sabor	Smaak
Sal	Zout

Família
Familie

Antepassado	Voorouder
Avó	Grootmoeder
Avô	Opa
Criança	Kind
Crianças	Kinderen
Esposa	Vrouw
Filha	Dochter
Gêmeos	Tweeling
Infância	Jeugd
Irmã	Zus
Irmão	Broer
Marido	Man
Mãe	Moeder
Neto	Kleinzoon
Pai	Vader
Paterno	Vaderlijk
Sobrinha	Nicht
Sobrinho	Neef
Tia	Tante
Tio	Oom

Fazenda #1
Boerderij #1

Abelha	Bij
Agricultura	Landbouw
Arroz	Rijst
Água	Water
Bezerro	Kalf
Burro	Ezel
Cabra	Geit
Campo	Veld
Cavalo	Paard
Cão	Hond
Cerca	Hek
Corvo	Kraai
Feno	Hooi
Fertilizante	Mest
Frango	Kip
Gato	Kat
Mel	Honing
Porco	Varken
Rebanho	Kudde
Vaca	Koe

Fazenda #2
Boerderij #2

Agricultor	Boer
Animais	Dieren
Celeiro	Schuur
Cevada	Gerst
Colmeia	Bijenkorf
Cordeiro	Lam
Fruta	Fruit
Irrigação	Irrigatie
Leite	Melk
Lhama	Lama
Maduro	Rijp
Milho	Maïs
Ovelha	Schaap
Pastor	Herder
Pato	Eend
Pomar	Boomgaard
Prado	Weide
Trator	Tractor
Trigo	Tarwe
Vegetal	Groente

Férias #2
Vakantie #2

Aeroporto	Luchthaven
Destino	Bestemming
Estrangeiro	Buitenlander
Feriado	Vakantie
Fotos	Foto'S
Hotel	Hotel
Ilha	Eiland
Lazer	Vrije Tijd
Mapa	Kaart
Mar	Zee
Montanhas	Bergen
Passaporte	Paspoort
Praia	Strand
Reservas	Reserveringen
Restaurante	Restaurant
Táxi	Taxi
Tenda	Tent
Transporte	Vervoer
Viagem	Reis
Visto	Visum

Ficção Científica
Meer Informatie

Atómico	Atoom
Cinema	Bioscoop
Distante	Ver
Distopia	Dystopie
Explosão	Explosie
Extremo	Extreem
Fantástico	Fantastisch
Fogo	Brand
Futurista	Futuristisch
Ilusão	Illusie
Imaginário	Denkbeeldig
Livros	Boeken
Misterioso	Mysterieus
Mundo	Wereld
Oráculo	Orakel
Planeta	Planeet
Realista	Realistisch
Robôs	Robots
Tecnologia	Technologie
Utopia	Utopie

Física
Natuurkunde

Aceleração	Versnelling
Átomo	Atoom
Caos	Chaos
Densidade	Dichtheid
Elétron	Elektron
Fórmula	Formule
Frequência	Frequentie
Gás	Gas
Gravidade	Zwaartekracht
Magnetismo	Magnetisme
Massa	Massa
Mecânica	Mechanica
Molécula	Molecuul
Motor	Motor
Nuclear	Nucleair
Partícula	Deeltje
Químico	Chemisch
Relatividade	Relativiteit
Universal	Universeel
Velocidade	Snelheid

Flores
Bloemen

Buquê	Boeket
Dente-De-Leão	Paardebloem
Gardênia	Gardenia
Girassol	Zonnebloem
Hibisco	Hibiscus
Jasmim	Jasmijn
Lavanda	Lavendel
Lilás	Lila
Lírio	Lelie
Magnólia	Magnolia
Margarida	Madeliefje
Narciso	Narcis
Orquídea	Orchidee
Papoula	Papaver
Peônia	Pioenroos
Pétala	Bloemblad
Plumeria	Plumeria
Rosa	Roos
Trevo	Klaver
Tulipa	Tulp

Floresta Tropical
Regenwoud

Anfíbios	Amfibieën
Botânico	Botanisch
Clima	Klimaat
Comunidade	Gemeenschap
Diversidade	Diversiteit
Espécies	Soort
Indígena	Inheems
Insetos	Insecten
Mamíferos	Zoogdieren
Musgo	Mos
Natureza	Natuur
Nuvens	Wolken
Pássaros	Vogels
Preservação	Behoud
Refúgio	Toevlucht
Respeito	Respect
Restauração	Restauratie
Selva	Jungle
Sobrevivência	Overleving
Valioso	Waardevol

Força e Gravidade
Kracht en Zwaartekracht

Atrito	Wrijving
Centro	Centrum
Descoberta	Ontdekking
Dinâmico	Dynamisch
Distância	Afstand
Eixo	As
Expansão	Uitbreiding
Física	Natuurkunde
Impacto	Impact
Magnetismo	Magnetisme
Magnitude	Omvang
Mecânica	Mechanica
Órbita	Baan
Peso	Gewicht
Planetas	Planeten
Pressão	Druk
Propriedades	Eigendommen
Rapidez	Snelheid
Tempo	Tijd
Universal	Universeel

Frutas
Fruit

Abacate	Avocado
Abacaxi	Ananas
Amora	Braam
Baga	Bes
Banana	Banaan
Cereja	Kers
Coco	Kokosnoot
Damasco	Abrikoos
Figo	Vijg
Framboesa	Framboos
Kiwi	Kiwi
Laranja	Oranje
Limão	Citroen
Maçã	Appel
Mamão	Papaja
Manga	Mango
Nectarina	Nectarine
Pera	Peer
Pêssego	Perzik
Uva	Druif

Geografia
Geografie

Altitude	Hoogte
Atlas	Atlas
Cidade	Stad
Continente	Continent
Hemisfério	Halfrond
Ilha	Eiland
Latitude	Breedtegraad
Mapa	Kaart
Mar	Zee
Meridiano	Meridiaan
Montanha	Berg
Mundo	Wereld
Norte	Noorden
Oceano	Oceaan
Oeste	Westen
País	Land
Região	Regio
Rio	Rivier
Sul	Zuiden
Território	Grondgebied

Geologia
Geologie

Ácido	Zuur
Camada	Laag
Caverna	Grot
Cálcio	Calcium
Continente	Continent
Coral	Koraal
Cristais	Kristallen
Erosão	Erosie
Estalactite	Stalactiet
Estalagmites	Stalagmieten
Fóssil	Fossiel
Lava	Lava
Minerais	Mineralen
Pedra	Steen
Platô	Plateau
Quartzo	Kwarts
Sal	Zout
Terremoto	Aardbeving
Vulcão	Vulkaan
Zona	Zone

Geometria
Geometrie

Altura	Hoogte
Ângulo	Hoek
Cálculo	Berekening
Círculo	Cirkel
Curva	Curve
Diâmetro	Diameter
Dimensão	Dimensie
Equação	Vergelijking
Horizontal	Horizontaal
Lógica	Logica
Massa	Massa
Mediana	Mediaan
Paralelo	Parallel
Proporção	Proportie
Segmento	Segment
Simetria	Symmetrie
Superfície	Oppervlak
Teoria	Theorie
Triângulo	Driehoek
Vertical	Verticaal

Governo
Overheid

Cidadania	Burgerschap
Civil	Civiel
Constituição	Grondwet
Democracia	Democratie
Discurso	Toespraak
Discussão	Discussie
Distrito	Wijk
Estado	Staat
Igualdade	Gelijkheid
Judicial	Gerechtelijk
Justiça	Gerechtigheid
Lei	Wet
Liberdade	Vrijheid
Líder	Leider
Monumento	Monument
Nacional	Nationaal
Nação	Natie
Pacífico	Rustig
Política	Politiek
Símbolo	Symbool

Herbalismo
Herbalisme

Açafrão	Saffraan
Alecrim	Rozemarijn
Alho	Knoflook
Aromático	Aromatisch
Benéfico	Voordelig
Coentro	Koriander
Estragão	Dragon
Flor	Bloem
Funcho	Venkel
Ingrediente	Ingrediënt
Jardim	Tuin
Lavanda	Lavendel
Manjericão	Basilicum
Manjerona	Marjolein
Planta	Plant
Qualidade	Kwaliteit
Sabor	Smaak
Salsa	Peterselie
Tomilho	Tijm
Verde	Groen

Imigração
Immigratie

Administração	Administratie
Adultos	Volwassenen
Ajuda	Hulp
Aprovação	Goedkeuring
Comunicação	Communicatie
Crianças	Kinderen
Documentos	Documenten
Estresse	Stress
Financiamento	Financiering
Fronteiras	Grenzen
Habitação	Huisvesting
Lei	Wet
Língua	Taal
Oficial	Officier
Prazo	Termijn
Processo	Proces
Proteção	Bescherming
Situação	Situatie
Solução	Oplossing

Instrumentos Musicais
Muziekinstrumenten

Bandolim	Mandoline
Banjo	Banjo
Clarinete	Klarinet
Fagote	Fagot
Flauta	Fluit
Gaita	Mondharmonica
Gongo	Gong
Harpa	Harp
Marimba	Marimba
Oboé	Hobo
Pandeiro	Tamboerijn
Percussão	Percussie
Piano	Piano
Saxofone	Saxofoon
Tambor	Trommel
Trombone	Trombone
Trompete	Trompet
Violão	Gitaar
Violino	Viool
Violoncelo	Cello

Jardim
Tuin

Ancinho	Hark
Arbusto	Struik
Árvore	Boom
Banco	Bank
Cerca	Hek
Flor	Bloem
Garagem	Garage
Grama	Gras
Gramado	Gazon
Jardim	Tuin
Lagoa	Vijver
Maca	Hangmat
Mangueira	Slang
Pá	Schop
Pomar	Boomgaard
Solo	Bodem
Terraço	Terras
Trampolim	Trampoline
Varanda	Veranda
Videira	Wijnstok

Jardinagem
Tuinieren

Água	Water
Botânico	Botanisch
Buquê	Boeket
Clima	Klimaat
Comestível	Eetbaar
Composto	Compost
Espécies	Soort
Exótico	Exotisch
Flor	Bloesem
Floral	Bloemen
Folha	Blad
Folhagem	Gebladerte
Mangueira	Slang
Pomar	Boomgaard
Recipiente	Container
Sementes	Zaden
Solo	Bodem
Sujeira	Vuil
Umidade	Vocht

Jazz
Jazz

Artista	Artiest
Álbum	Album
Bateria	Drums
Canção	Lied
Composição	Samenstelling
Compositor	Componist
Concerto	Concert
Estilo	Stijl
Ênfase	Nadruk
Famoso	Beroemd
Favoritos	Favorieten
Gênero	Genre
Improvisação	Improvisatie
Música	Muziek
Novo	Nieuw
Orquestra	Orkest
Ritmo	Ritme
Talento	Talent
Técnica	Techniek
Velho	Oud

Literatura
Literatuur

Analogia	Analogie
Análise	Analyse
Anedota	Anekdote
Autor	Auteur
Biografia	Biografie
Comparação	Vergelijking
Conclusão	Conclusie
Descrição	Omschrijving
Diálogo	Dialoog
Estilo	Stijl
Ficção	Fictie
Metáfora	Metafoor
Narrador	Verteller
Opinião	Mening
Poema	Gedicht
Rima	Rijm
Ritmo	Ritme
Romance	Roman
Tema	Thema
Tragédia	Tragedie

Livros
Boeken

Autor	Auteur
Aventura	Avontuur
Coleção	Collectie
Contexto	Context
Dualidade	Dualiteit
Escrito	Geschreven
Épico	Episch
História	Verhaal
Histórico	Historisch
Inventivo	Inventief
Leitor	Lezer
Literário	Literair
Narrador	Verteller
Página	Bladzijde
Poema	Gedicht
Poesia	Poëzie
Relevante	Relevant
Romance	Roman
Série	Serie
Trágico	Tragisch

Mamíferos
Zoogdieren

Baleia	Walvis
Camelo	Kameel
Canguru	Kangoeroe
Castor	Bever
Cavalo	Paard
Cão	Hond
Coelho	Konijn
Coiote	Coyote
Elefante	Olifant
Gato	Kat
Girafa	Giraf
Golfinho	Dolfijn
Gorila	Gorilla
Leão	Leeuw
Lobo	Wolf
Macaco	Aap
Ovelha	Schaap
Raposa	Vos
Touro	Stier
Zebra	Zebra

Matemática
Wiskunde

Aritmética	Rekenkundig
Ângulos	Hoeken
Circunferência	Omtrek
Decimal	Decimaal
Diâmetro	Diameter
Equação	Vergelijking
Expoente	Exponent
Fração	Fractie
Geometria	Geometrie
Números	Cijfers
Paralelo	Parallel
Perpendicular	Loodrecht
Polígono	Veelhoek
Quadrado	Vierkant
Raio	Straal
Retângulo	Rechthoek
Simetria	Symmetrie
Soma	Som
Triângulo	Driehoek
Volume	Volume

Material de Arte
Kunstbenodigdheden

Acrílico	Acryl
Apagador	Gom
Aquarelas	Aquarellen
Argila	Klei
Água	Water
Cadeira	Stoel
Carvão	Houtskool
Cavalete	Ezel
Câmera	Camera
Cola	Lijm
Cores	Kleuren
Criatividade	Creativiteit
Escovas	Borstels
Lápis	Potloden
Mesa	Tafel
Óleo	Olie
Papel	Papier
Pastels	Pastel
Tinta	Inkt
Tintas	Verf

Medições
Metingen

Altura	Hoogte
Byte	Byte
Centímetro	Centimeter
Comprimento	Lengte
Decimal	Decimaal
Grama	Gram
Grau	Graad
Largura	Breedte
Litro	Liter
Massa	Massa
Metro	Meter
Minuto	Minuut
Onça	Ons
Peso	Gewicht
Polegada	Inch
Profundidade	Diepte
Quilograma	Kilogram
Quilômetro	Kilometer
Tonelada	Ton
Volume	Volume

Meditação
Meditatie

Aceitação	Aanvaarding
Acordado	Wakker
Aprender	Leren
Atenção	Aandacht
Clareza	Helderheid
Compaixão	Mededogen
Emoções	Emoties
Ensinamentos	Onderwijs
Gratidão	Dankbaarheid
Mental	Mentaal
Mente	Geest
Movimento	Beweging
Música	Muziek
Natureza	Natuur
Observação	Observatie
Paz	Vrede
Pensamentos	Gedachten
Perspectiva	Perspectief
Postura	Houding
Silêncio	Stilte

Mitologia
Mythologie

Arquétipo	Archetype
Ciúmes	Jaloezie
Comportamento	Gedrag
Crenças	Overtuigingen
Criação	Creatie
Criatura	Wezen
Cultura	Cultuur
Desastre	Ramp
Força	Kracht
Guerreiro	Krijger
Heroína	Heldin
Herói	Held
Labirinto	Doolhof
Lenda	Legende
Mágico	Magisch
Monstro	Monster
Mortal	Sterfelijk
Relâmpago	Bliksem
Trovão	Donder
Vingança	Wraak

Moda
Mode

Acessível	Betaalbaar
Bordado	Borduurwerk
Botões	Knop
Boutique	Winkel
Caro	Duur
Confortável	Comfortabel
Elegante	Elegant
Estilo	Stijl
Medidas	Afmetingen
Moderno	Modern
Modesto	Bescheiden
Original	Origineel
Prático	Praktisch
Renda	Kant
Roupa	Kleding
Simples	Eenvoudig
Tecido	Stof
Tendência	Trend
Textura	Textuur

Música
Muziek

Álbum	Album
Balada	Ballade
Cantar	Zingen
Cantor	Zanger
Clássico	Klassiek
Coro	Koor
Gravação	Opname
Harmonia	Harmonie
Improvisar	Improviseren
Instrumento	Instrument
Lírico	Lyrisch
Melodia	Melodie
Microfone	Microfoon
Musical	Muzikaal
Músico	Muzikant
Ópera	Opera
Poético	Poëtisch
Ritmo	Ritme
Tempo	Tempo
Vocal	Vocaal

Natureza
Natuur

Abelhas	Bijen
Abrigo	Schuilplaats
Animais	Dieren
Ártico	Arctisch
Beleza	Schoonheid
Deserto	Woestijn
Dinâmico	Dynamisch
Erosão	Erosie
Floresta	Bos
Folhagem	Gebladerte
Geleira	Gletsjer
Nevoeiro	Mist
Nuvens	Wolken
Pacífico	Rustig
Rio	Rivier
Santuário	Heiligdom
Selvagem	Wild
Sereno	Sereen
Tropical	Tropisch
Vital	Vitaal

Negócios
Zakelijk

Carreira	Carrière
Custo	Kosten
Desconto	Korting
Dinheiro	Geld
Economia	Economie
Empregado	Werknemer
Empregador	Werkgever
Empresa	Bedrijf
Escritório	Kantoor
Fábrica	Fabriek
Finança	Financiën
Impostos	Belastingen
Investimento	Investering
Loja	Winkel
Lucro	Winst
Mercadoria	Handelswaar
Moeda	Valuta
Orçamento	Begroting
Rendimento	Inkomen
Venda	Verkoop

Nutrição
Voeding

Amargo	Bitter
Apetite	Eetlust
Calorias	Calorieën
Carboidratos	Koolhydraten
Comestível	Eetbaar
Dieta	Dieet
Equilibrado	Evenwichtig
Fermentação	Fermentatie
Ingredientes	Ingrediënten
Líquidos	Vloeistoffen
Molho	Saus
Nutriente	Voedingsstof
Peso	Gewicht
Proteínas	Eiwitten
Qualidade	Kwaliteit
Sabor	Smaak
Saudável	Gezond
Saúde	Gezondheid
Toxina	Toxine
Vitamina	Vitamine

Números
Getallen

Cinco	Vijf
Decimal	Decimaal
Dez	Tien
Dezesseis	Zestien
Dezessete	Zeventien
Dezoito	Achttien
Dois	Twee
Doze	Twaalf
Nove	Negen
Oito	Acht
Quatorze	Veertien
Quatro	Vier
Quinze	Vijftien
Seis	Zes
Sete	Zeven
Treze	Dertien
Três	Drie
Um	Een
Vinte	Twintig
Zero	Nul

Oceano
Oceaan

Alga	Algen
Atum	Tonijn
Baleia	Walvis
Barco	Boot
Camarão	Garnaal
Caranguejo	Krab
Coral	Koraal
Enguia	Aal
Esponja	Spons
Golfinho	Dolfijn
Marés	Getijden
Medusa	Kwal
Ostra	Oester
Peixe	Vis
Polvo	Octopus
Recife	Rif
Sal	Zout
Tartaruga	Schildpad
Tempestade	Storm
Tubarão	Haai

Paisagens
Landschappen

Cascata	Waterval
Caverna	Grot
Colina	Heuvel
Deserto	Woestijn
Geleira	Gletsjer
Golfo	Golf
Iceberg	Ijsberg
Ilha	Eiland
Lago	Meer
Mar	Zee
Montanha	Berg
Oásis	Oase
Oceano	Oceaan
Pântano	Moeras
Península	Schiereiland
Praia	Strand
Rio	Rivier
Tundra	Toendra
Vale	Vallei
Vulcão	Vulkaan

Países #1
Landen #1

Alemanha	Duitsland
Brasil	Brazilië
Camboja	Cambodja
Canadá	Canada
Egito	Egypte
Equador	Ecuador
Espanha	Spanje
Finlândia	Finland
Iraque	Irak
Israel	Israël
Itália	Italië
Índia	India
Mali	Mali
Marrocos	Marokko
Nicarágua	Nicaragua
Noruega	Noorwegen
Panamá	Panama
Polônia	Polen
Senegal	Senegal
Venezuela	Venezuela

Países #2
Landen #2

Albânia	Albani
Dinamarca	Denemarken
França	Frankrijk
Grécia	Griekenland
Haiti	Haïti
Indonésia	Indonesië
Irlanda	Ierland
Jamaica	Jamaica
Japão	Japan
Laos	Laos
Líbano	Libanon
México	Mexico
Nepal	Nepal
Nigéria	Nigeria
Paquistão	Pakistan
Rússia	Rusland
Síria	Syrië
Somália	Somalië
Ucrânia	Oekraïne
Uganda	Oeganda

Pássaros
Vogels

Avestruz	Struisvogel
Águia	Adelaar
Cegonha	Ooievaar
Cisne	Zwaan
Corvo	Kraai
Cuco	Koekoek
Flamingo	Flamingo
Frango	Kip
Gaivota	Meeuw
Ganso	Gans
Garça	Reiger
Ovo	Ei
Papagaio	Papegaai
Pardal	Mus
Pato	Eend
Pavão	Pauw
Pelicano	Pelikaan
Pinguim	Pinguïn
Pombo	Duif
Tucano	Toekan

Pesca
Vissen

Água	Water
Barbatanas	Vinnen
Barco	Boot
Brânquias	Kieuwen
Cesta	Mand
Cozinhar	Kok
Equipamento	Apparatuur
Exagero	Overdrijving
Fio	Draad
Gancho	Haak
Isca	Aas
Lago	Meer
Mandíbula	Kaak
Oceano	Oceaan
Paciência	Geduld
Peso	Gewicht
Praia	Strand
Rio	Rivier
Temporada	Seizoen

Plantas
Installaties

Arbusto	Struik
Árvore	Boom
Baga	Bes
Bambu	Bamboe
Botânica	Plantkunde
Cacto	Cactus
Erva	Kruid
Feijão	Boon
Fertilizante	Mest
Flor	Bloem
Flora	Flora
Floresta	Bos
Folhagem	Gebladerte
Grama	Gras
Hera	Klimop
Jardim	Tuin
Musgo	Mos
Pétala	Bloemblad
Raiz	Wortel
Vegetação	Vegetatie

Profissões #1
Beroepen #1

Advogado	Advocaat
Artista	Artiest
Astrônomo	Astronoom
Banqueiro	Bankier
Bombeiro	Brandweerman
Caçador	Jager
Cartógrafo	Cartograaf
Cientista	Wetenschapper
Dançarino	Danser
Editor	Editor
Embaixador	Ambassadeur
Encanador	Loodgieter
Enfermeira	Verpleegster
Geólogo	Geoloog
Joalheiro	Juwelier
Marinheiro	Matroos
Músico	Muzikant
Pianista	Pianist
Psicólogo	Psycholoog
Veterinário	Dierenarts

Profissões #2
Beroepen #2

Agricultor	Boer
Astronauta	Astronaut
Biólogo	Bioloog
Cirurgião	Chirurg
Dentista	Tandarts
Detetive	Detective
Engenheiro	Ingenieur
Filósofo	Filosoof
Fotógrafo	Fotograaf
Ilustrador	Illustrator
Inventor	Uitvinder
Investigador	Onderzoeker
Jardineiro	Tuinman
Jornalista	Journalist
Linguista	Linguïst
Médico	Arts
Piloto	Piloot
Pintor	Schilder
Professor	Leraar
Zoólogo	Zoöloog

Psicologia
Psychologie

Avaliação	Beoordeling
Clínico	Klinisch
Cognição	Cognitie
Comportamento	Gedrag
Compromisso	Afspraak
Conflito	Conflict
Ego	Ego
Emoções	Emoties
Experiências	Ervaringen
Inconsciente	Bewusteloos
Infância	Jeugd
Influências	Invloed
Pensamentos	Gedachten
Percepção	Perceptie
Problema	Probleem
Realidade	Realiteit
Sensação	Gevoel
Sonhos	Dromen
Subconsciente	Onderbewust
Terapia	Therapie

Química
Chemie

Alcalino	Alkalisch
Ácido	Zuur
Calor	Warmte
Carbono	Koolstof
Catalisador	Katalysator
Cloro	Chloor
Elementos	Elementen
Elétron	Elektron
Enzima	Enzym
Gás	Gas
Hidrogênio	Waterstof
Íon	Ion
Líquido	Vloeistof
Molécula	Molecuul
Nuclear	Nucleair
Orgânico	Organisch
Oxigénio	Zuurstof
Peso	Gewicht
Sal	Zout
Temperatura	Temperatuur

Restaurante # 2
Restaurant #2

Almoço	Lunch
Aperitivo	Voorgerecht
Água	Water
Bebida	Drank
Bolo	Cake
Cadeira	Stoel
Colher	Lepel
Delicioso	Heerlijk
Especiarias	Specerijen
Fruta	Fruit
Garçom	Ober
Garfo	Vork
Gelo	Ijs
Jantar	Diner
Legumes	Groente
Macarrão	Noedels
Peixe	Vis
Sal	Zout
Salada	Salade
Sopa	Soep

Roupas
Kleding

Avental	Schort
Blusa	Blouse
Calça	Broek
Camisa	Shirt
Casaco	Jas
Chapéu	Hoed
Cinto	Riem
Colar	Ketting
Jaqueta	Jasje
Jeans	Jeans
Luvas	Handschoenen
Meias	Sokken
Moda	Mode
Pijama	Pyjama
Pulseira	Armband
Saia	Rok
Sandálias	Sandalen
Sapato	Schoen
Suéter	Trui
Vestido	Jurk

Saúde e Bem-Estar #1
Gezondheid en Welzijn #1

Altura	Hoogte
Ativo	Actief
Bactérias	Bacteriën
Clínica	Kliniek
Doutor	Dokter
Farmácia	Apotheek
Fome	Honger
Fratura	Breuk
Hábito	Gewoonte
Hormones	Hormonen
Medicina	Medicijn
Nervos	Zenuwen
Ossos	Botten
Pele	Huid
Postura	Houding
Reflexo	Reflex
Relaxamento	Ontspanning
Terapia	Therapie
Tratamento	Behandeling
Vírus	Virus

Saúde e Bem-Estar #2
Gezondheid en Welzijn #2

Alergia	Allergie
Anatomia	Anatomie
Apetite	Eetlust
Caloria	Calorie
Corpo	Lichaam
Desidratação	Dehydratie
Dieta	Dieet
Doença	Ziekte
Energia	Energie
Genética	Genetica
Higiene	Hygiëne
Hospital	Ziekenhuis
Humor	Humeur
Infecção	Infectie
Massagem	Massage
Peso	Gewicht
Recuperação	Herstel
Sangue	Bloed
Saudável	Gezond
Vitamina	Vitamine

Tempo
Tijd

Agora	Nu
Ano	Jaar
Antes	Voor
Anual	Jaarlijks
Calendário	Kalender
Década	Decennium
Dia	Dag
Futuro	Toekomst
Hoje	Vandaag
Hora	Uur
Manhã	Ochtend
Meio-Dia	Middag
Mês	Maand
Minuto	Minuut
Momento	Moment
Noite	Nacht
Ontem	Gisteren
Relógio	Klok
Semana	Week
Século	Eeuw

Tipos de Cabelo
Haartypes

Branco	Wit
Brilhante	Glimmend
Cachos	Krullen
Careca	Kaal
Cinza	Grijs
Colori	Gekleurd
Encaracolado	Krullend
Fino	Dun
Grosso	Dik
Loiro	Blond
Longo	Lang
Marrom	Bruin
Ondulado	Golvend
Prata	Zilver
Preto	Zwart
Saudável	Gezond
Seco	Droog
Suave	Zacht
Trançado	Gevlochten
Tranças	Vlechten

Universo
Universum

Asteróide	Asteroïde
Astronomia	Astronomie
Astrônomo	Astronoom
Atmosfera	Atmosfeer
Céu	Hemel
Cósmico	Kosmisch
Equador	Evenaar
Hemisfério	Halfrond
Horizonte	Horizon
Inclinar	Kantelen
Latitude	Breedtegraad
Longitude	Lengtegraad
Lua	Maan
Órbita	Baan
Solar	Zonne
Solstício	Zonnewende
Telescópio	Telescoop
Trevas	Duisternis
Visível	Zichtbaar
Zodíaco	Dierenriem

Vegetais
Groenten

Abóbora	Pompoen
Aipo	Selderij
Alcachofra	Artisjok
Alho	Knoflook
Batata	Aardappel
Beringela	Aubergine
Brócolis	Broccoli
Cebola	Ui
Cenoura	Wortel
Chalota	Sjalot
Cogumelo	Paddestoel
Ervilha	Erwt
Espinafre	Spinazie
Gengibre	Gember
Nabo	Raap
Pepino	Komkommer
Rabanete	Radijs
Salada	Salade
Salsa	Peterselie
Tomate	Tomaat

Veículos
Voertuigen

Ambulância	Ambulance
Avião	Vliegtuig
Balsa	Veerboot
Barco	Boot
Bicicleta	Fiets
Caminhão	Vrachtauto
Caravana	Caravan
Carro	Auto
Foguete	Raket
Helicóptero	Helikopter
Jangada	Vlot
Lambreta	Scooter
Metrô	Metro
Motor	Motor
Ônibus	Bus
Pneus	Banden
Submarino	Onderzeeër
Táxi	Taxi
Transporte	Shuttle
Trator	Tractor

Xadrez
Schaken

Aprender	Leren
Branco	Wit
Campeão	Kampioen
Concurso	Wedstrijd
Desafios	Uitdagingen
Diagonal	Diagonaal
Estratégia	Strategie
Jogador	Speler
Jogo	Spel
Oponente	Tegenstander
Passivo	Passief
Pontos	Punten
Preto	Zwart
Rainha	Koningin
Regras	Reglement
Rei	Koning
Sacrifício	Offer
Tempo	Tijd
Torneio	Toernooi

Parabéns

Conseguiu!

Esperamos que tenha gostado tanto deste livro como nós gostamos de o desenhar. Esforçamo-nos por criar livros da mais alta qualidade possível.
Esta edição foi concebida para proporcionar uma aprendizagem inteligente, de qualidade e divertida!

Gostou deste livro?

Um simples pedido

Estes livros existem graças às críticas que publica.
Pode ajudar-nos, deixando agora uma revisão?

Aqui está um pequeno link para
a sua página de revisão:

BestBooksActivity.com/Avaliacoes50

DESAFIO FINAL!

Desafio n° 1

Está pronto para o seu jogo grátis? Usamo-los a toda a hora, mas não são tão fáceis de encontrar - aqui estão os **Sinônimos!**
Escreva 5 palavras que encontrou nos puzzles (n° 21, n° 36, n° 76) e tente encontrar 2 sinónimos para cada palavra.

Escreva 5 palavras de *Puzzle 21*

Palavras	Sinônimo 1	Sinônimo 2

Escreva 5 palavras de *Puzzle 36*

Palavras	Sinônimo 1	Sinônimo 2

Escreva 5 palavras de *Puzzle 76*

Palavras	Sinônimo 1	Sinônimo 2

Desafio n° 2

Agora que já aqueceu, escreva 5 palavras que encontrou nos Puzzles (n° 9, n° 17 e n° 25) e tente encontrar 2 antônimos para cada palavra. Quantos se podem encontrar em 20 minutos?

Escreva 5 palavras de *Puzzle 9*

Palavras	Antônimo 1	Antônimo 2

Escreva 5 palavras de *Puzzle 17*

Palavras	Antônimo 1	Antônimo 2

Escreva 5 palavras de *Puzzle 25*

Palavras	Antônimo 1	Antônimo 2

Desafio n° 3

Óptimo! Este desafio final não é nada para si.

Pronto para o desafio final? Escolha 10 palavras que tenha descoberto nos diferentes puzzles e escreva-as abaixo.

1.	6.
2.	7.
3.	8.
4.	9.
5.	10.

Agora escreva um texto a pensar numa pessoa, num animal ou num lugar de seu agrado.

Pode utilizar a última página deste livro como um rascunho.

A Sua Composição:

CADERNO DE NOTAS:

ATÉ BREVE!

A equipa Inteira

DESCUBRA JOGOS GRATUITOS

GO

↓

BESTACTIVITYBOOKS.COM/FREEGAMES